La justice pénale internationale au prisme du parcours judiciaire de Jean-Pierre Bemba Gombo

Collection « Droit international »

Collection fondée et dirigée par Gérard Teboul, professeur à l'université Paris-Est

Au regard du champ disciplinaire qu'elle couvre, la collection « Droit international » présente un caractère transversal : si elle accueille des ouvrages de droit international public ou de droit international privé, elle est ouverte également à des études portant sur des thématiques – nouvelles et de plus en plus nombreuses – se situant au confluent de ces deux disciplines. Par ailleurs, la collection « Droit international » n'entend aucunement privilégier des travaux de nature théorique ou de nature pratique : toute théorie maîtrisée doit reposer sur une connaissance sérieuse de la pratique tandis que toute analyse pratique ne saurait valablement éclairer une problématique juridique sans une compréhension de ses fondements théoriques. Ainsi, la présente collection se propose de contribuer à la connaissance de tous les aspects du droit international, branche du droit qui, au fil des ans, tient une place croissante au sein des disciplines juridiques.

Déjà parus

Nicolas Eskenazi, *La lutte contre le financement du terrorisme et les dynamiques nouvelles du droit international*, volume 1 et volume 2, 2021.

Suzanne Azizé, *L'organisation de la coopération islamique (OCI)*, 2021.

Nadia Belrhomari, *Génome humain, espèce humaine et droit*, 2013.

Bienvenu OKIEMY

La justice pénale internationale au prisme du parcours judiciaire de Jean-Pierre Bemba Gombo

Préface de
Simone Bernard-Dupré et Alain Fénéon

L'Harmattan

Du même auteur

De la novation politique en République du Congo, L'Harmattan, 2016.

Discours sur l'accomplissements du vœu de la nation, L'Harmattan, 2016.

L'OMC. Une ingénierie juridique et commerciale à reconfigurer, L'Harmattan, 2019.

5-7, rue de l'Ecole-Polytechnique, 75005 Paris

http://www.editions-harmattan.fr

ISBN : 978-2-343-25599-6
EAN : 9782343255996

À mon grand-père, Mwènè Ongoly M'Isseret,
À ma grand-mère, Abialéyèbê, qui au-delà du temps
et de l'espace, donnent du sens à l'union sincère
et sacrée des cœurs.

L'auteur remercie

Thyrolien DJENDJA –
Cédric OBEMBO –
Andréa ATTY BAYEBA

Préface

Il y a très exactement cinquante ans, un éminent juriste congolais, le professeur Romain Yakemtchouk, écrivait que dans la grande famille des civilisations juridiques, l'Afrique était la jeunesse du monde et que ses rapports avec le reste du monde étaient parfaitement régis par le droit international.

Un demi-siècle plus tard, l'ouvrage de Bienvenu Okiemy démontre l'inefficacité du système pénal international mis en œuvre essentiellement sur le continent africain, notamment pour la répression des crimes de guerre.

Un problème qu'il étudie de façon exhaustive, sous tous ses angles, qu'il s'agisse de *« la justice pénale internationale face à la sécurisation de l'espace centrafricain »* ou de celui de *« la justice pénale internationale face aux chocs des réalités du système international »*.

C'est à la faveur du parcours particulier de Jean-Pierre Bemba Gombo que l'auteur examine ce double aspect de la justice pénale internationale. Jean-Pierre Bemba Gombo crée, en 1998, en République démocratique du Congo, le Mouvement de libération du Congo (MLC) et son bras armé l'Armée de libération du Congo (ALC). Par l'adoption de ses Statuts, le 30 juin 1999, le MLC deviendra un parti politique visant à *« instaurer un État démocratique sur la base d'élections libres et transparentes dans le respect des droits de l'Homme et des libertés politiques »*. Au regard des Statuts, Jean-Pierre Bemba Gombo est alors considéré comme le président du MLC et le commandant en chef de l'Armée de libération du Congo (ALC).

Intervenant à la demande du président Ange-Félix Patassé en Centrafrique, le Mouvement de libération du Congo reprenait le contrôle de Bangui, mais il était reproché aux soldats du MLC des meurtres, des pillages, des viols, des crimes de guerre, constitutifs de crimes contre l'humanité. Le gouvernement centrafricain saisissait la Cour pénale internationale (CPI) pour les crimes commis sur son territoire en 2002-2003, *« ceci, [nous dit Bienvenu Okiemy], dans le cadre d'un conflit armé ne présentant pas un caractère international et opposant le groupe armé du général François Bozizé aux partisans du président Ange-Félix Patassé »*.

En 2008, un mandat d'arrêt était émis à l'encontre de Jean-Pierre Bemba Gombo, qui comparaissait en juillet 2008 devant la Cour pénale internationale de La Haye. Condamné le 21 juin 2016 en première instance à 18 ans de prison pour crimes de guerre et crimes contre l'humanité, il est acquitté par la Cour d'appel.

Bienvenu Okiemy évoque en premier lieu le cas particulier de *« l'espace centrafricain »* et de la violence de son histoire qui a conduit à la création d'une Cour pénale spéciale centrafricaine *« née de la volonté des Centrafricains de mettre fin aux cycles de violence »*. Ensuite, il est posé le problème de la mise en place d'une Cour pénale internationale, répondant à une volonté de protection de l'ordre public international et créée pour juger les crimes les plus graves qui touchent l'ensemble de la communauté internationale : génocides, crimes contre l'humanité, crimes de guerre.

Comme nous le rappelle l'auteur, la Cour pénale internationale *« oscille entre sa vocation à faire éclore une réelle Communauté des Nations fondée sur l'idéal de justice et son souci de ne pas se mettre en porte à faux avec l'autonomie de la volonté des principaux acteurs du système international »*.

Bienvenu Okiemy explique cette inefficacité du système pénal international et donc les dysfonctionnements relevés dans sa mise en œuvre par le fait que le système a été élaboré dans l'ignorance des réalités africaines. En outre, l'empressement de son application n'a pas été consolidé par des mesures d'accompagnements suffisantes et appropriées.

L'auteur nous révèle ainsi qu'*« un vent de contestation de la justice pénale internationale s'est en partie levé sur le continent [qui] soulève la problématique de l'universalité de la projection pénale de l'action de la Cour pénale internationale [...] avec, en filigrane, un refus feutré et par la suite ouvert de coopérer avec la Cour pénale internationale, puisque l'Union africaine en viendra à brandir le retrait de ses États du Statut de la Cour. Le Rubicon sera d'ailleurs franchi par quelques États : Afrique du Sud et Burundi »*.

En conclusion, l'auteur, rappelant l'acquittement de Jean-Pierre Bemba Gombo après de si longues années de détention, conclut à la nécessité de *« construire un nouvel imaginaire de confiance retrouvée entre l'Institution pénale internationale et les peuples, entre l'Institution pénale internationale et les États membres... [aux fins] de s'orienter vers un avenir partagé, relativement à la capacité de la Cour pénale internationale à répondre au désordre mondial »*.

Certes, le recours au droit pénal international peut ramener un peu de sérénité dans un espace juridique fracturé, mais il ne peut le faire efficacement que si cette justice est acceptée par les Africains et non sélective.

La question a d'ailleurs été pertinemment posée par le professeur Ramesh Thakur, ancien vice-recteur de l'université des Nations unies : *« une question troublante qu'on pose : comment une initiative de la justice pénale internationale destinée à protéger les personnes vulnérables contre des dirigeants brutaux réussit à être transformée en un instrument des pouvoirs contre les pays vulnérables. Un tribunal censé incarner ou poursuivre la justice universelle se révèle en pratique réduit à imposer une justice sélective de l'Occident contre le reste du monde ».*

Ce sont ces raisons qui ont conduit à la démobilisation des États africains membres de l'Union africaine envers le système pénal international et, en particulier, celui de la Cour pénale internationale.

Aussi, l'apport de l'ouvrage de Bienvenu Okiemy apparaît essentiel pour comprendre l'inadaptation de la justice pénale internationale aux réalités africaines.

Simone Bernard-Dupré

Avocat à la Cour de Paris

Alain Fénéon

Avocat honoraire
Arbitre, médiateur international

Introduction

Jean-Pierre Bemba Gombo naît le 4 novembre 1962 à Bokada, dans la Province de l'Équateur, en République démocratique du Congo (RDC). Il effectue ses études secondaires à Kinshasa, au collège Boboto. L'accomplissement de ses études universitaires le conduira en Belgique, plus précisément à Bruxelles, pour des études de sciences commerciales.

Avec l'arrivée au pouvoir à Kinshasa, en 1997, de l'Alliance des forces démocratiques pour la libération du Congo (AFDL) de Laurent-Désiré Kabila, il est contraint de s'exiler en Europe. En 1998, les soutiens régionaux du « tombeur » du maréchal Mobutu Seseko devaient retirer leur appui au *Mzee* et le pays allait de nouveau sombrer dans l'incertitude ; la fragmentation redevenait la clé d'analyse du pays. Et c'est bien cette année-là que Jean-Pierre Bemba Gombo décidait de créer le Mouvement de libération du Congo (MLC) et son bras armé, l'Armée de libération du Congo (ALC) ; l'idée étant de permettre à l'ensemble national de traverser les rivières de larmes qui n'avaient de cesse d'y couler et dans le même souffle que le pays renaisse pour être au rendez-vous de son destin, un rendez-vous continuellement repoussé.

En posant les structures du Mouvement de libération du Congo (MLC), Jean-Pierre Bemba Gombo et ses alliés étaient hantés par un seul objectif : le renversement de l'ordre établi à Kinshasa qu'ils jugeaient attentatoire aux droits fondamentaux de ses concitoyens. Avec l'adoption de ses Statuts le 30 juin 1999, le Mouvement de libération du Congo devenait, de droit, un parti politique visant à « instaurer un État démocratique sur la base des élections libres et transparentes dans le respect des droits de l'homme et des libertés politiques ». Il allait se structurer autour de quatre pôles : un président, un conseil politico-militaire, un secrétaire général et une branche militaire, à savoir l'Armée de libération du Congo (ALC).

Avec le temps et au fur et à mesure du délitement de l'État en République démocratique du Congo (RDC), la centralité du Mouvement de libération du Congo (MLC) dans le jeu politique congolais allait se renforcer quotidiennement : à titre d'exemple, le MLC avait été un des principaux acteurs de l'Accord de cessez-le-feu de Lusaka en juillet 1999 qui prévoyait notamment une période de cent quatre-vingt-neuf jours pour désarmer les groupes armés[1]. En novembre 2002, le Mouvement de libération du Congo (MLC) participait aux Accords de Sun City, en Afrique du Sud, qui posaient eux les bases d'une sortie de crise en République démocratique du Congo (RDC[2]).

Ayant construit l'architecture organique du Mouvement de libération du Congo (MLC), Jean-Pierre Bemba Gombo en deviendra naturellement le leader charismatique, avec la prérogative de président, en sa branche politique, et de commandant en chef de l'Armée de libération du Congo (ALC), le segment militaire du MLC. L'Armée de

---

[1] J. C. Willame, *L'Accord de Lusaka : chronique d'une négociation internationale*, L'Harmattan, Collection Cahiers africains, 2003, 220 p.

[2] A. Maindo, Les dynamiques politiques de la transition politique en RDC : l'apocalypse tant redoutée du 30 juin 2005 n'a pas eu lieu, in Isidore Ndaywel è Nziem, Elisabeth Mudimbe-Boyi, Karthala, 2009, p. 711-735.

libération du Congo (ALC) pouvait se prévaloir d'un effectif de vingt mille hommes avec un état-major alors dirigé par le général Amuli Bahigwa. On relèvera au passage qu'à la lumière de l'Article 12 des Statuts du Mouvement de libération du Congo, son président était organiquement le chef de la branche politique et le commandant en chef de l'Armée de libération du Congo. Et ce président, selon la Cour pénale internationale, avait de « larges attributions et pouvoirs, y compris en matière d'organisation et de politiques internes des branches militaires et politique du MLC[3] ». La qualité de président du Mouvement de libération du Congo et de commandant en chef de l'Armée de libération du Congo donnait à Jean-Pierre Bemba Gombo, aux dires de la Cour pénale internationale, toutes les prérogatives nécessaires pour prendre des « décisions militaires stratégiques comme celle de lancer des opérations militaires », ce qui en faisait l'épicentre des ordres, des initiatives, des instructions ou de quelques directives à mettre en œuvre sur un quelconque théâtre d'opérations. La centralité de Jean-Pierre Bemba Gombo dans le *process* de prise de décision interne au Mouvement de libération du Congo ne souffrait d'aucune discussion, d'après la Cour pénale internationale ; les organes du Mouvement de libération du Congo (MLC) prenant simplement les couleurs d'une Chambre d'enregistrement. Il pouvait nommer, promouvoir et démettre des politiques ou des militaires au sein de cette structure politico-militaire. D'après la Cour pénale internationale, ce pouvoir exclusif et sans partage s'exprimait jusqu'à l'organisation de la logistique militaire, qu'il s'agisse par exemple de l'acquisition ou de la distribution des armes.

[3] CPI, Chambre de première instance III, Situation en République centrafricaine, Affaire le procureur/Jean-Pierre Bemba Gombo, 21 mars 2016, ICC-01/05-01/08, p. 131.

L'histoire du Mouvement de libération du Congo (MLC) a basculé en 2002. Le 25 octobre 2002, à la suite de quelques affrontements entre l'Armée régulière centrafricaine, restée fidèle au président Ange-Félix Patassé, et les rebelles regroupés autour du général François Bozizé, ancien chef d'état-major sorti des effectifs des Forces armées centrafricaines (FACA). En octobre 2001, bénéficiaire du soutien présumé de Ndjamena, la capitale centrafricaine, Bangui, voyait les insurgés y prendre pied. Malgré la campagne de bombardement, sans résultat probant par ailleurs, visant à déloger de Bangui les hommes du général François Bozizé, le président Ange-Félix Patassé se résolut à solliciter, le 25 octobre 2002, le soutien du Mouvement de libération du Congo (MLC). Jean-Pierre Bemba Gombo, certainement dans le but d'y disposer d'une base arrière et d'un soutien politique précieux, répondit favorablement à cette demande en y déployant ses hommes avec l'Armée de libération du Congo (ALC). Cette décision permettait de fait de maintenir sous perfusion un régime désespérément aux abois. Le régime comateux du président Ange-Félix Patassé pouvait encore compter sur le soutien de quatre mille à cinq mille soldats. À la tête de l'état-major général des Forces armées centrafricaines (FACA) se trouvait alors le général Mbeti-Bangui. À partir de janvier 2003, le général Antoine Gambi prenait le commandement des Forces armées centrafricaines. Le Mouvement de libération du Congo (MLC), quant à lui, avait dépêché sur le théâtre des opérations centrafricaines le colonel Moustapha en qualité de commandant de l'opération de 2002-2003. Il pouvait compter sur un corps expéditionnaire d'environ mille cinq cents hommes.

À partir du 26 octobre 2002, les troupes du Mouvement de libération du Congo allaient progressivement reprendre le contrôle de Bangui. En effet, les forces rebelles du général François Bozizé devaient se retirer de la capitale centrafricaine le 29 octobre 2002, à la suite d'une contre-attaque massive menée par les troupes gouvernementales, soutenues par la branche militaire du Mouvement de libération du Congo. À la date du 31 octobre 2002, ces derniers étaient présents au PK12. Il est vrai que les rebelles du général François Bozizé, conscients de la supériorité numérique et militaire de leurs adversaires, avaient auparavant pris le soin de battre en retraite. La coalition militaire gouvernement centrafricain/Mouvement de libération du Congo allait fortifier son avantage en prenant le contrôle du PK12 avant le 15 novembre 2002. Repliés à Damara, les rebelles du général François Bozizé y seront délogés le 7 décembre 2002.

Après la défaite de Damara, les hommes du général François Bozizé essaieront de trouver refuge à Sibut. Usant de moyens militaires conséquents, le corps expéditionnaire du Mouvement de libération du Congo obligera ses adversaires de s'y soustraire au cours de la deuxième moitié de février 2003. Les rebelles du général François Bozizé seront aussi pourchassés et combattus sur les axes Bossembélé-Bozoum et Bossembélé-Bossangoa. Le Mouvement de libération du Congo exercera un contrôle effectif sur Bossembélé le 24 décembre 2002, en y maintenant une présence militaire jusqu'en février 2003. Depuis Bossembélé, la branche militaire du Mouvement de libération du Congo se dirigera vers Bozoum, qui sera sous son contrôle le 28 décembre 2002. Elle en perdra le contrôle dans la deuxième moitié de janvier 2003. À la fin du mois de février et au début du mois de mars 2003, les rebelles du général François Bozizé seront contraints de se retirer de Bossangoa, le Mouvement de libération du Congo subissant au passage de lourdes pertes à la suite de combats *« homériques »*. À l'épreuve des faits, il semble bien que la problématique politique et sécuritaire en

République centrafricaine n'ait pas pris une autre trajectoire et le président François Bozizé est resté un des acteurs principaux de la conflictualité à l'œuvre dans ce pays.

En effet, depuis lors la belligérance n'a cessé de croître avec une prolifération des groupes armés qui « ne peut être comprise sans référence à l'économie politique du conflit et à un écosystème particulier qui constitue à la fois la matrice d'origine de ces groupes et leur espace d'action[4] », *écosystème des groupes armés* que Thierry Vircoulon assimile à leur espace politique, économique et social. Une configuration spatiale de la belligérance quelque peu interrogée aujourd'hui du fait de la rencontre entre le Sahel et l'Afrique centrale, en raison de « la grande transhumance qui voit des milliers de têtes de bétail venir pâturer en RCA en provenance de l'Adamoua au Cameroun, du Tchad et du Soudan[5] », créant *de facto* une nouvelle dynamique migratoire dans la région Afrique centrale. Ce flux de population nord-sud et avec lui la rencontre entre le Sahel central et l'Afrique centrale[6] ne sont pas sans être « conflictogènes[7] », en témoigne en partie la belligérance en République centrafricaine.

Un bref panorama permet de saisir cette belligérance qui se renouvelle continuellement. Au cours du premier mois de l'année 2021, la République centrafricaine a fait face à des attaques coordonnées menées par des éléments

---

[4] T. Vircoulon, Écosystème des groupes armés en Centrafrique, Notes de l'IFRI, avril 2020, p. 6.

[5] T. Vircoulon, Quand le Sahel central rencontre l'Afrique centrale, réflexion sur le conflit centrafricain, Hérodote, 2020, n° 179, p. 64.

[6] Pour une appropriation historique et géographique succincte et dense de cette partie du continent, voir R. Pourtier, Afrique médiane, Afrique équatoriale : milieu et histoire, Hérodote, 2020, n° 179, p. 8-39.

[7] T. Vircoulon, *op. cit.*, p. 63-72.

des groupes armés alliés (Anti-Balaka, UPC 3R, MPC et FPR), tous membres de la Coalition des patriotes pour le changement (CPC). À ce titre, on pourrait faire état des attaques du 13 janvier 2021 contre la ville de Bangui. Ces attaques se sont soldées, entre autres, par un mort et un blessé dans les rangs des Casques bleus du contingent rwandais de la Mission multidimensionnelle intégrée des Nations unies (MINUSCA) et par plusieurs morts et arrestations dans le camp des rebelles. La belligérance a semblé s'exacerber : le 18 janvier 2021, une attaque a eu lieu contre les convois commerciaux sur l'axe Garoua-Boulaï (frontière du Cameroun). Il en a été de même le 18 janvier 2021 près de Bangassou, ce qui a coûté la vie à deux Casques bleus gabonais et marocains. On n'oubliera pas de mentionner les attaques fomentées contre un convoi commercial près de Zoukombo, dans la Nana-Mambere (à l'ouest de la République centrafricaine). Tout au long de cette période, les rebelles de la Coalition des patriotes pour le changement ont continué de se ravitailler illicitement en armes et en mercenaires le long des frontières entre la République centrafricaine et les pays voisins, notamment le Tchad et le Soudan, afin de faciliter leur stratégie d'attaque fondée sur une grande mobilité en opérant pour cela à l'aide de motocyclistes pour « tromper » la vigilance des forces gouvernementales. Face à la Coalition des patriotes pour le changement, la MINUSCA, les Forces armées centrafricaines et les partenaires bilatéraux de la République centrafricaine ont poursuivi leurs actions concertées sur différents fronts pour assurer la protection des populations civiles dans les régions actuellement affectées par les attaques des rebelles. Après avoir mis fin aux incursions de la Coalition des patriotes pour le changement le 13 janvier 2021 à la périphérie de Bangui, la MINUSCA, les Forces armées centrafricaines et les partenaires bilatéraux ont repris progressivement les villes de Bouar, Bossangoua, Boda et Lambi.

Dans le but de faire face aux groupes armés coalisés qui semblent avoir changé de stratégie en opérant par embuscade et en s'attaquant aux contingents de la MINUSCA directement et non plus seulement aux Forces armées centrafricaines, gendarmes et policiers, la MINUSCA a sollicité du Conseil de sécurité des Nations unies un renfort en troupes de trois mille hommes supplémentaires et en armements, notamment des hélicoptères de combat afin de mettre fin à cette rébellion. Constatant que la situation en République centrafricaine continue de menacer la paix et la sécurité internationale dans la région, le Conseil de sécurité des Nations unies a finalement décidé d'augmenter de deux mille sept cent cinquante personnes l'effectif autorisé de la composante militaire de la MINUSCA et d'augmenter de neuf cent quarante personnes l'effectif autorisé de la composante police de ladite Mission[8]. Ces renforts visent à donner à la MINUSCA les moyens nécessaires pour accomplir ses tâches prioritaires, compte tenu de l'évolution du contexte, relativement à la protection des civils et en vue de faciliter l'accès du pays aux travailleurs humanitaires ; tout en empêchant dans le même élan la détérioration de la situation sur le plan sécuritaire afin de poser les bases d'un dialogue politique inclusif. Dans la perspective réelle de la tenue d'un dialogue républicain, le président Faustin Archange Touadera a engagé des consultations nationales. Le 10 juin 2021, il a été annoncé la mise en place du Comité organisationnel et préparatoire du dialogue républicain, avec près de quatre cent cinquante participants attendus. Si bien évidemment, des objections

---

[8] ONU, Résolution 2566 (2021), adoptée par le Conseil de sécurité le 12 mars 2021.

n'ont pas manqué d'affleurer, ce dialogue républicain entend tenir compte des doléances formulées par tous les segments de la société centrafricaine. Il devrait être une étape importante sur le sentier portant rétablissement de la paix et de la stabilité. Et le Conseil de sécurité des Nations unies, en toute cohérence, de rappeler Bangui à ses obligations de protection et de sécurité vis-à-vis de sa population, en l'invitant au passage à faire progresser le processus de paix, le dialogue républicain devenant un critère d'appréciation de l'action politique de Bangui. On relèvera que le Conseil de sécurité s'est déclaré pour l'instant disposé à réexaminer les mesures d'embargo sur les armes à destination de Bangui, notamment s'il y a lieu de les suspendre ou de les lever. On rappellera qu'en décembre 2017, la diplomatie russe avait pu ouvrir une brèche sur l'embargo sur les armes à destination de Bangui en parvenant à convaincre les Nations unies de la nécessité de leur permettre d'équiper et de former les Forces armées centrafricaines, avec son corollaire aujourd'hui évident de remise en cause de la centralité française dans les affaires de ce pays[9]. Par ailleurs, dans la perspective réelle visant à permettre aux Forces armées centrafricaines, aux forces de sécurité intérieure et aux forces spéciales des partenaires bilatéraux de mener à bien des opérations portant rétablissement de l'autorité de l'État, le chef de l'État centrafricain a décrété le 21 janvier 2021 l'État d'urgence sur toute l'étendue du territoire national, conformément à la Loi n° 99-019 du 4 octobre 1999 relativement au traitement des crises, pour une durée de 15 jours. Ces demandes adressées aux Nations unies ou ces mesures prises par l'État centrafricain entendaient renforcer les défenses de l'État, avec l'idée que l'avenir des pays africains passe par l'intégration régionale.

[9] A. Kalika, Le grand retour de la Russie en Afrique, Notes de l'IFRI, avril 2019, 27 p.

En effet, dans le but d'améliorer et de renforcer sa place dans le système international, l'Afrique doit se doter d'infrastructures qu'il s'agisse de routes, interconnexions ferroviaires, portuaires ou de l'énergie. Elle doit se préparer à connaître une très forte expansion, dans le monde d'après coronavirus, liée à la fois à ses propres besoins et à un monde assoiffé de ressources dont elle regorge. Elle va sans doute, au moins autant que la Chine, se transformer de fond en comble le temps d'une génération. Il s'agit pour tous les Africains d'**une nouvelle frontière** qui ne sera franchie que par la mobilisation de toutes les énergies relativement à la résection de la conflictualité sur le continent. C'est en ce sens que lors du **Sommet de Paris sur le financement des économies africaines**, en date du 18 mai 2021, le président de la République du Congo, SEM Denis Sassou Nguesso, a pu dire : « l'Afrique, y compris son secteur privé, ne peut se développer sans se doter d'infrastructures de base, dont les coûts sont généralement élevés, ceci surtout dans un environnement sécuritaire fracturé. C'est ainsi qu'il devient impérieux d'**établir un lien entre sécurité-investissement-développement** ». Le président congolais pouvait d'autant plus tenir ce discours que « si le choc sanitaire y est à ce jour mieux maîtrisé qu'ailleurs, il pourrait cependant y être plus durable, profond et déstabilisateur pour l'ensemble de la planète. En un an, la pandémie a interrompu une dynamique de croissance qui s'était installée depuis vingt-cinq ans, désorganisé des chaînes de valeurs et provoqué une recrudescence sans précédent des inégalités et de la pauvreté. Ce n'est pas seulement le continent africain qui risque d'être privé de l'accès à l'émergence, c'est le monde entier qui pourrait perdre un des futurs moteurs de la croissance mondiale[10] ».

---

[10] Voir Sommet de Paris sur le financement des économies africaines, 18 mai 2021, Un new deal économique avec l'Afrique.

Comment alors matérialiser ce destin manifeste africain tant caressé par Brazzaville et bien d'autres capitales africaines, si au cœur du continent persiste un nœud gordien ? Une seule alternative : **une Renaissance africaine au sein des cœurs et des esprits des filles et fils du continent**.

Pour s'en tenir aux faits qui sous-tendent le sujet qui nous occupe, on notera qu'après la négociation des accords de Sun City et la pression exercée par la Communauté internationale, Jean-Pierre Bemba Gombo avait été conduit à procéder au retrait de ses troupes de la République centrafricaine. Il en était ainsi, de manière effective, le 15 mars 2003. Il n'en est pas moins vrai que le comportement général des soldats du Mouvement de libération du Congo (MLC) durant l'opération de 2002-2003, en République centrafricaine, a fait l'objet de nombreuses critiques. Il était de fait reproché aux soldats du Mouvement de libération du Congo, au cours de la période évoquée plus haut, d'avoir commis de nombreux actes de meurtres et de viols, de s'être livrés au pillage de biens appartenant à des civils dans un périmètre allant de Bangui, au PK12, au PK22, à Bozoum, Damara, Sibut, Bossangoa, Bossembélé, Dékoa, Kaga Bandoro, Bossemptélé, Boali, Yaloke et Mongoumba. Ils auraient pris des civils pour cible, sans tenir compte de leur âge, de leur sexe, de leur profession ou de leur statut social. Ils auraient recouru aux meurtres, alors même que les victimes n'étaient en rien parties prenantes aux hostilités et ces mêmes victimes n'étaient évidemment pas armées ; ce qui était constitutif de crimes de guerre. Ils auraient aussi eu recours aux viols, constitutifs de crimes contre l'humanité ; ceci dans le cadre d'une attaque généralisée menée contre la population civile. Ils auraient par ailleurs usé de pillages ; constitutifs de crimes de guerre dans le contexte d'un conflit armé ne présentant pas de caractère international et en association avec celui-ci.

C'est à l'aune de ce comportement général tenu par les soldats du Mouvement de libération du Congo en République centrafricaine que, le 21 décembre 2004, le gouvernement centrafricain saisissait la Cour pénale internationale (CPI) des crimes commis sur son territoire en 2002-2003[11]. Le 10 mai 2007, le procureur de la Cour pénale internationale décidait finalement d'ouvrir une enquête sur les crimes présumés commis en République centrafricaine du 26 octobre 2002 au 15 mars 2003 ; ceci dans le cadre d'un conflit armé ne présentant pas un caractère international et opposant le groupe armé organisé du général François Bozizé aux partisans du président Ange-Félix Patassé.

Le 23 mai 2008, la Chambre préliminaire III émettait un mandat d'arrêt à l'encontre de Jean-Pierre Bemba Gombo[12]. Le 10 juin 2008, un nouveau mandat d'arrêt allait remplacer le précédent, sur le fondement d'informations supplémentaires apportées par le bureau du Procureur[13]. Dans le même élan, la Cour pénale internationale adressait au Royaume de Belgique une requête d'arrestation contre Jean-Pierre Bemba Gombo, ce qui fut fait le 24 mars 2008[14]. Il sera par la suite transféré à

---

[11] La RCA a ratifié le Statut de Rome de la CPI le 3 avril 2001.

[12] CPI, Mandat d'arrêt à l'encontre de Jean-Pierre Bemba Gombo, 23 mai 2008, ICC-01/05-01/08-1, 10 p.

[13] CPI, Mandat d'arrêt à l'encontre de Jean-Pierre Bemba Gombo remplaçant le mandat d'arrêt décerné le 23 mai 2008, 10 juin 2008, ICC-01/05-01/08-14, 10 p.

[14] CPI, Chambre préliminaire III, Situation en République centrafricaine, Affaire le procureur/Jean-Pierre Bemba Gombo, Demande d'arrestation et de remise de Jean-Pierre Bemba Gombo adressée au Royaume de Belgique, 10 juin 2008, ICC-01/05-01/08, 7 p.

La Haye le 3 juillet 2008, pour comparaître devant la Cour pénale internationale le lendemain.

Le 30 mars 2009, le bureau du procureur soumettait un document de notification des charges contre Jean-Pierre Bemba Gombo où sa responsabilité pénale individuelle était mise en cause pour crimes contre l'humanité et crimes de guerre, en qualité de « coauteur » sur la base de l'Article 25-a du Statut de Rome de la Cour pénale internationale, ou en tant que chef militaire ou personne faisant effectivement fonction de chef militaire ou de supérieur hiérarchique sur le fondement de l'Article 28, paragraphe a) ou b) du même Statut[15]. En sa décision du 15 juin 2009 portant confirmation des charges[16], la Chambre préliminaire II devait confirmer les charges pesant contre Jean-Pierre Bemba Gombo en sa qualité de supérieur hiérarchique, à la lumière de l'Article 28-a, pour ce qui concerne les crimes contre l'humanité que constituent le meurtre et le viol et pour ce qui concerne les crimes de guerre que constituent le meurtre, le viol et le pillage.

La mise en jeu de la responsabilité pénale individuelle de Jean-Pierre Bemba Gombo pour des faits qui s'étaient déroulés en République centrafricaine en 2002-2003 relevait d'une volonté clairement et maintes fois exprimée par la Communauté internationale : il s'agissait expressément de faire passer le message selon lequel les *ennemis du genre humain* seraient pourchassés sur la base du droit international pénal, sans relâche, et que la

---

[15] CPI, Situation in the Central African Republic in the case of the Prosecutor/Jean-Pierre Bemba Gombo, 30 march 2009, ICC-01/05-01/08-395.

[16] CPI, Chambre préliminaire II, Décision rendue en application des alinéas a) et b) de l'Article 61-7 du Statut de Rome, relativement aux charges portées par le procureur à l'encontre de Jean-Pierre Bemba Gombo, 15 juin 2009, ICC-01/05-01-08, 96 p.

résolution des conflits minant la gestion de la cité ne devait en rien se traduire par le recours aux armes avec son corollaire d'atteintes au *droit des gens*. Il s'agissait, à la fin des fins, par le recours au droit international pénal, de ramener un peu de sérénité dans un espace géographique en fracturation avancée (I). Si l'équation politique et sécuritaire centrafricaine a paru trouver une certaine résolution par l'accomplissement d'un vœu longtemps désiré relativement à la création d'une Cour pénale internationale exerçant la plénitude de ses prérogatives et exprimant l'idée d'une Communauté internationale d'action au service d'une paix mondiale, il faut bien reconnaître que très rapidement la réalité politique internationale a semblé ne pas se conjuguer avec le désir d'une justice pénale pleinement universelle. Il est vrai que les enjeux de puissance, la volonté de reconnaissance de certaines subjectivités qui éprouvent quelque peu des difficultés à s'exprimer entièrement au sein du système international et le corpus juridique de la juridiction pénale internationale sont vite apparus comme loin d'annoncer un univers partagé avec un déterminant clé : l'universalisme. Un universalisme sans cesse interrogé par la défiance ou la méfiance des principaux acteurs des relations internationales. En réalité, c'est bien le désir d'une justice pénale internationale sanctionnant tout *ennemi du genre humain* qui se heurte à une réalité politique internationale où chaque acteur est davantage mû par la défense de ses propres intérêts que par la volonté de surmonter les conflits d'action qui traversent encore le système international (II). L'immixtion de la justice pénale internationale au sein de la sphère politique, en sa capacité à réprimer tout *ennemi du genre humain* exerçant ou non de hautes responsabilités administratives, invite à une problématisation du politique dans une sorte d'oscillation entre continuité et discontinuité. En ce sens, si l'élargissement de Jean-Pierre Bemba Gombo n'a pas immédiatement et dans son absolu débouché sur un aggiornamento du politique en République démocratique du Congo (RDC), le juge de l'élection ne l'ayant pas autorisé à concourir lors de l'élection présidentielle du 30 décembre 2018, il n'en reste pas moins que cette liberté retrouvée a rebattu les cartes du politique à Kinshasa (III).

I.

La justice pénale internationale face à la sécurisation de l'espace centrafricain

Aujourd'hui, il est un lieu commun que de disserter sur la fragilité de l'État dans le système international. La République centrafricaine n'échappe pas malheureusement à cette triste réalité. Cette fragilité ressortirait d'un « déficit sécuritaire » qui s'exprimerait par la perte du monopole de l'exercice de la violence légitime par l'État centrafricain. Il a été contraint de partager ce pouvoir avec des groupes armés, nourris de l'ambition de conquérir le pouvoir. Au titre d'un autre exemple, l'État centrafricain a été contraint de partager son pouvoir de contrôle et de régulation des flux commerciaux avec les mêmes groupes armés, amenuisant de la sorte la portée de toute politique de redynamisation du lien social à raison d'entrées fiscales fortement amputées[17]. Et un auteur de soutenir que « la souveraineté dont jouit l'État centrafricain est une souveraineté fictive qui ne se traduit ni par la capacité de défendre un territoire ni par la capacité de l'administrer[18] ». Cette incapacité à réguler l'espace centrafricain serait la conséquence logique d'un processus

[17] M. Tarif, Conflit et transformations du commerce en République centrafricaine, Notes de l'IFRI, novembre 2019, 29 p.
[18] T. Vircoulon, *op. cit.*, p. 6.

de désétatisation au long court du pays[19]. Cette fragilité s'illustrerait aussi à travers un « déficit de gouvernance » où l'on s'interrogerait sur la représentativité des gouvernants, argument souvent évoqué par les insurgés pour justifier leur recours aux armes. Cette fragilité de l'État centrafricain deviendrait significative à l'aune de ses difficultés à remplir ses missions essentielles. C'est en ce sens qu'un auteur évoque *l'inversion du contrat social* en République centrafricaine où selon lui « le gouvernement ne fournit aucun service à la population et, en retour, il ne lui demande rien[20] ». Comment du reste inviter Bangui à s'en tenir à ses obligations de sécurité et de protection au sein d'un environnement sans cesse fracturé où elle est sans cesse contrainte de conjuguer son action avec une belligérance qui se réinvente par ailleurs continuellement ?

L'histoire violente de la République centrafricaine, sous-tendue par des luttes de pouvoirs entre groupes politiques aux intérêts fortement antagonistes, eux-mêmes quelque peu instrumentalisés par des acteurs régionaux internationaux, a été déterminante dans le processus de fragilisation de l'État en République centrafricaine. Face à cette altérabilité de l'État centrafricain et à la lumière de la fragmentation à l'œuvre dans ce pays, la Communauté internationale n'est pas restée sans réaction[21]. Elle s'est donné pour objectif l'amélioration de la situation sécuritaire du pays, avec un recours aux opérations de Désarmement, Démobilisation et Réintégration (DDR).

La liste des interventions onusiennes en République centrafricaine est longue : on peut citer la Mission

---

[19] International Crisis Group, République centrafricaine: anatomie d'un État fantôme, décembre 2007, Report, n° 136.

[20] T. Vircoulon, *op. cit.*, p. 23-24.

[21] J. Coulon, *Consolidation de la paix : l'ONU en République centrafricaine*, Presses de l'Université de Montréal, Québec, Canada, 2015.

interafricaine de surveillance des Accords de Bangui (MISAB), créée le 31 janvier 1997. Elle s'est déployée du 8 février 1997 au 15 avril 1998. La Mission des Nations unies en République centrafricaine (MINURCA) succédera à la MISAB. Elle a été mise en place le 27 mars 1998 par les Nations unies. Elle exercera ses missions sur le théâtre d'opérations centrafricain du 15 avril 1998 au 1er février 2000. En remplacement de la MINURCA, il sera mis en place, le 15 février 2000, le Bureau d'appui des Nations unies pour la consolidation de la paix en République centrafricaine (BONUCA). Ses activités se sont arrêtées le 1er janvier 2010, alors même que le Bureau intégré des Nations unies pour la consolidation de la paix en République centrafricaine (BINUCA) entrait en activité. Le 5 décembre 2013, le Conseil de sécurité des Nations unies adoptait la résolution 2127 sur la République centrafricaine. Elle portait en elle un soutien des Nations unies à la Mission internationale de soutien à la Centrafrique (MISCA), sous conduite africaine. La MISCA prenait la suite de la Mission de consolidation de la paix en Centrafrique (MICOPAX), créée par les États membres de la Communauté économique et monétaire de l'Afrique centrale (CEMAC). La MICOPAX naissait en réalité sur les cendres de la Force multinationale en Centrafrique (FOMUC), le 12 juillet 2008. La FOMUC avait été créée le 2 octobre 2002 par les États membres de la CEMAC. Le 10 avril 2014, le Conseil de sécurité des Nations unies adoptait une résolution créant une Mission de maintien de la paix en République centrafricaine, la Mission multidimensionnelle intégrée des Nations unies pour la stabilité en République centrafricaine (MINUSCA).

Et l'on saisit l'occasion, à l'aune d'un système des Nations unies fortement apostrophé par l'éclatement du lien social en République centrafricaine, pour rappeler que dans les conditions actuelles de la société internationale, et si une majorité est réunie en son sein, rien ne peut empêcher le Conseil de sécurité de prendre des initiatives qui lui paraissent nécessaires à la solution des crises internationales, y compris par le recours à la force s'il le décide. Il convient toutefois de ne pas oublier qu'une majorité est souvent difficile à atteindre et surtout qu'en définitive l'action du Conseil de sécurité n'est que subsidiaire. C'est lorsqu'une crise n'est pas résolue au plan régional et que, selon le Conseil, elle menace la paix et la sécurité internationale, qu'elle relève de son intervention[22]. De ce point de vue, il serait certainement souhaitable de faire du **Conseil de sécurité et de paix** de l'Union africaine un organe encore beaucoup plus dynamique qu'il ne l'est actuellement. Il doit notamment développer les actions préventives en faveur de la paix et ne pas attendre qu'une situation de conflit atteigne sa phase aiguë pour intervenir.

Quoi qu'il en soit, après de nombreux meurtres, de multiples viols et bien d'autres atrocités sans nom qui ont été commis en République centrafricaine, les Centrafricains n'ont eu de cesse de vouloir que la justice soit rendue et qu'elle devienne la pierre angulaire de la construction d'un État démocratique. L'idée soutenue avait la force de la simplicité : que la justice soit réellement un rempart contre la culture de violence qui s'était quelque peu enracinée dans le pays et qu'elle promeuve un comportement vertueux des citoyens, sans oublier un attachement de l'État aux principes démocratiques, le tout innervé du respect des droits de l'homme. La Cour pénale spéciale centrafricaine est née de ces exigences, de la volonté des Centrafricains de

[22] J.-M. de la Sablière, *Le Conseil de sécurité des Nations unies : ambitions et limites*, 2e éd., Larcier, 2018, 397 p.

mettre fin aux cycles de violences à répétition que le pays a connus et de l'impératif de mettre fin à l'impunité à laquelle semblent s'y être abonnés les *ennemis du genre humain*. C'est donc tout naturellement qu'en 2015 est mise en place, au sein du système judiciaire centrafricain, une Cour pénale spéciale[23]. Elle a reçu la mission de juger les crimes graves qui ont affecté ce pays depuis 2003, avec en perspective la violation des lois de la guerre, les attaques contre des civils, la destruction des infrastructures civiles ; le tout ayant débouché sur bien des morts et bien des déplacés. Elle a débuté ses travaux en mai 2018, après que le Parlement centrafricain ait adopté des réglementations relatives à sa procédure judiciaire et son système de preuve. Elle a un mandat de cinq ans renouvelables.

Pour tenter de résorber la portée des diverses atteintes aux droits de l'homme au sein de l'espace centrafricain, la Communauté internationale a eu par ailleurs recours à la justice pénale internationale. Même si les entorses à la paix sont nombreuses et même si le déploiement de l'action des juridictions internationales reste avant tout fonction de la volonté des États, tant en ce qui concerne leur capacité à connaître des différends ou pour ce qui concerne la mise en œuvre des décisions de justice, Guillaume Le Floch relève que « la pratique atteste indiscutablement du fait que les juridictions internationales, dans des proportions certes variées, contribuent à la préservation de la paix[24] ». Dans sa démonstration, le même auteur en vient à soutenir que dès sa création la Cour permanente de justice internationale (CPJI) avait reçu la mission de se mettre « au service de la

---

[23] Human Rights Watch, République centrafricaine: la nouvelle Cour devrait intensifier ses activités, 8 juin 2020, 37 p.

[24] G. Le Floch, Le rôle des juridictions internationales dans la préservation de la paix, *RBDI*, 2020, n° 1, p. 101-130.

paix qui devait être assurée par le droit ». La Cour internationale de justice (CIJ) allait emprunter le même sentier portant maintien de la paix et de la sécurité internationale, particulièrement en sa qualité d'organe principal des Nations unies. La création des Tribunaux pénaux internationaux ad hoc pour l'ex-Yougoslavie et le Rwanda entendait aussi restaurer et maintenir la paix dans les aires géographiques sous leurs juridictions. La Cour pénale internationale (CPI) n'allait pas manquer d'être portée par une finalité similaire : maintenir la paix et la sécurité internationale. Il en est ainsi, d'après Guillaume Le Floch, précisément parce que « le règlement judiciaire d'un différend, quel qu'il soit, clarifie en principe la situation et apaise les tensions. Un différend non résolu, au contraire, est une source permanente de friction qui est susceptible de dégénérer à tout moment et mettre la paix en danger ». L'auteur précité allait ajouter que « le juge, par son action, peut faire disparaître les différends et contribuer à la préservation de la paix ».

Et c'est bien là tout le sens du parcours judiciaire du leader charismatique du Mouvement de libération du Congo (MLC) devant la Cour pénale internationale (CPI). Le procès de Jean-Pierre Bemba Gombo débutait le 22 novembre 2010 devant la Chambre de première instance III. Le 21 mars 2016, la Chambre de première instance III, à l'unanimité, reconnaissait sa culpabilité pour deux chefs de crimes contre l'humanité (meurtre et viol) et trois chefs d'accusation de crimes de guerre (meurtre, viol et pillage). Il écopera de dix-huit ans d'emprisonnement (A). L'accusé fera appel de ce jugement. Et le 18 juin 2018, la Chambre d'appel décèlera des erreurs qui, pour elle, avaient entaché la décision de la Chambre de première instance III, condamnant le leader du Mouvement de libération du Congo (MLC). Aussi, à la majorité, la Chambre d'appel prononcera-t-elle l'acquittement de Jean-Pierre Bemba Gombo (B). On relèvera que le 14 août 2009, la Chambre préliminaire II prenait une décision accordant à l'accusé une liberté provisoire. On notera néanmoins que le 17 septembre 2018, la Chambre de première instance VII condamnait Jean-Pierre Bemba Gombo à un an d'emprisonnement et à une amende de 300 000 euros pour atteinte à l'administration de la justice : déduction faite du temps passé en détention, la peine d'emprisonnement fut considérée comme purgée.

A. La reconnaissance de la responsabilité pénale individuelle de Jean-Pierre Bemba Gombo dans la commission de crimes contre l'humanité et de crimes de guerre en RCA

L'engagement de la responsabilité pénale individuelle de Jean-Pierre Bemba Gombo sur le fondement de l'Article 28-a du Statut de Rome de la Cour pénale internationale[25] relevait de celle du supérieur hiérarchique faisant effectivement fonction de chef militaire. Et dans ce cas, la mise en jeu de cette responsabilité devait ressortir de quelques éléments de fait et de droit[26]. De la sorte, il est demandé que l'accusé ait exercé un pouvoir de

---

[25] Cet article dispose qu'« un chef militaire ou une personne faisant effectivement fonction de chef militaire est pénalement responsable des crimes relevant de la compétence de la Cour commis par les forces placées sous son commandement et son contrôle effectifs, selon le cas, lorsqu'il ou elle n'a pas exercé le contrôle qui convenait sur ces forces ». Voir J. Fernandez, X. Pacreau, Statut de Rome de la Cour pénale internationale, A. Pedone, 2012, p. 862-886.

[26] CPI, Chambre préliminaire II, Décision rendue en application des alinéas a) et b) de l'Article 61-7 du Statut de Rome, relativement aux charges portées par le procureur à l'encontre de Jean-Pierre Bemba Gombo, 15 juin 2009, ICC-01/05-01/08, p. 122-196.

commandement et de contrôle effectif ou bien une autorité et un contrôle effectif sur les forces ayant commis les crimes mis à l'index. Le *« contrôle effectif »* n'est pas une unité de mesure mais simplement la *« capacité matérielle »* du chef militaire à « empêcher ou réprimer l'exécution des crimes ou d'en référer aux autorités compétentes[27] ». Et la Cour pénale internationale de lister les éléments constitutifs d'un contrôle effectif :

– la position officielle du chef militaire au sein de la hiérarchie militaire et les tâches qu'il accomplit effectivement[28] ;

– son pouvoir d'émettre des ordres[29], y compris sa capacité de donner des ordres de combat aux forces ou aux unités placées sous son commandement

---

[27] CPI, Chambre de première instance III, Situation en République centrafricaine, Affaire le procureur/Jean-Pierre Bemba Gombo, ICC-01/05-01/08, 21 mars 2016, p. 93.

[28] TPIY, Arrêt Oric, 3 juillet 2008, IT-03-68-A, para 91. Le juge a pu écrire : « il est bien établi que, pour prouver l'existence d'un lien de subordination au sens de l'Article 7-3 du Statut, l'Accusation doit démontrer au-delà de tout doute raisonnable que le supérieur hiérarchique exerçait un contrôle effectif. C'est pourquoi l'autorité *de jure* se distingue du contrôle effectif. Si l'exercice d'un pouvoir *de jure* peut certainement donner à penser que le supérieur avait la capacité matérielle de prévenir ou de punir les crimes commis par ses subordonnés, ce pouvoir n'est ni nécessaire ni suffisant pour prouver que tel était le cas. Si le pouvoir *de jure* emportait systématiquement une présomption de contrôle effectif, l'Accusation serait dispensée d'établir le contrôle effectif au-delà de tout doute raisonnable ». On peut aussi lire au paragraphe 189 dudit arrêt « qu'il ne suffit pas de rapporter la preuve que des crimes ont été commis pour déclarer l'accusé coupable... Lorsque la responsabilité est recherchée sur la base de l'Article 7.3 du Statut... l'accusation doit prouver, entre autres, que le ou les subordonnés de l'accusé étaient eux-mêmes pénalement responsables et que ce dernier était au courant de leurs agissements criminels ou avait des raisons de l'être ».

[29] TPIY, Jugement Strugar, 31 janvier 2005, IT-01-42-T, para 395-396.

immédiat ainsi qu'à celles placées à des échelons inférieurs ;

– sa capacité de se faire obéir, y compris le fait de savoir si les ordres émis ont bien été exécutés ;

– sa capacité d'ordonner la resubordination d'unités ou de modifier la structure de commandement ;

– son pouvoir de promouvoir, de remplacer et de sanctionner les membres des forces, de les relever de leurs fonctions, ainsi que d'ouvrir des enquêtes[30] ;

– son autorité d'envoyer des forces là où se déroulent des combats et de les en retirer à tout moment ;

– son accès indépendant aux moyens de faire la guerre, comme du matériel de communication et des armes, et le contrôle qu'il a sur ces moyens ;

– son contrôle sur les finances[31] ;

---

[30] TPIY, Jugement Delic, 15 septembre 2008, IT-04-83-T, para 62. Les juges ont pu dire en la circonstance que « les marques du contrôle effectif sont davantage une question de preuve que de droit et servent seulement à montrer que l'accusé avait le pouvoir de prévenir les crimes, d'en punir les auteurs ou, lorsqu'il convenait, de prendre l'initiative d'une action pénale à leur encontre. Les indices permettant de déduire qu'une personne est investie d'une autorité et exerce un contrôle effectif comprennent notamment : le mode de sa nomination, son titre officiel, le pouvoir de donner des ordres et de les faire exécuter, le pouvoir de donner des ordres de combat et de resubordonner des unités, le fait de disposer de moyens matériels et humains, le pouvoir d'appliquer des mesures disciplinaires, le pouvoir de promouvoir et rétrograder des soldats ou de les relever de leurs fonctions et la capacité d'intimider des subordonnés pour qu'ils obéissent ».

[31] TPIR, Arrêt Nahimana, 28 novembre 2007, ICTR-99-52A, para 606.

– sa capacité de représenter les forces lors des négociations ou d'interagir avec des organes ou individus externes au nom de ce groupe ;

– la question de savoir si le chef militaire représente l'idéologie du mouvement à laquelle les subordonnés adhèrent et s'il a un certain profil.

Jean-Pierre Bemba Gombo soutiendra, tout au long de son parcours judiciaire, qu'il avait mis ses hommes sous l'autorité de Bangui, rompant de la sorte tout lien de subordination entre lui et ses troupes sur le théâtre d'opérations centrafricain. Pour ce qui le concerne, il était *de facto* quelque peu illusoire de vouloir établir sa responsabilité en qualité de supérieur hiérarchique faisant fonction de chef militaire. En somme, au titre de sa défense, Jean-Pierre Bemba Gombo avançait l'idée selon laquelle il n'avait pas un contrôle effectif sur l'ensemble des forces militaires du Mouvement de libération du Congo opérant en République centrafricaine. Il en était ainsi en raison de l'exercice d'une autorité exclusive, différente de la sienne, sur ses hommes ou d'une chaîne de commandement altérée et faible de l'état-major du Mouvement de libération du Congo sur son corps expéditionnaire en République centrafricaine.

Bien entendu, la Cour pénale internationale n'abondait pas dans le même sens. Elle soutenait, à la lumière d'un faisceau d'indices concordants, au titre desquels la désorganisation générale de l'armée centrafricaine ou les mauvaises relations entre les troupes centrafricaines et celles du Mouvement de libération du Congo, que Jean-Pierre Bemba Gombo détenait bel et bien une autorité extraterritoriale sur les troupes du Mouvement de libération du Congo combattant en République centrafricaine. Pour cela, la Cour pénale internationale faisait valoir l'Article 12 des Statuts du Mouvement de libération du Congo qui disposait que son président était le chef de la branche politique et le commandant en chef de l'Armée de libération du Congo. En ce sens, c'était à lui que revenait la définition de la politique générale des opérations et la détermination des objectifs militaires ou alors la convocation et la gestion des réunions de l'état-major de l'Armée de libération du Congo (ALC). Dans le but de pointer de nouveau le rôle central de Jean-Pierre Bemba Gombo au cours de la campagne militaire centrafricaine, la Cour pénale internationale allait par ailleurs opposer à l'accusé l'Article 16 des Statuts du Mouvement de libération du Congo qui énonçait que l'Armée de libération du Congo était placée sous le contrôle du président du Mouvement de libération du Congo : il nommait et démettait les membres de l'état-major. La Cour pénale internationale battait donc en brèche l'argument selon lequel les troupes du Mouvement de libération du Congo étaient sous le commandement des autorités centrafricaines ; le colonel Moustapha, commandant du corps expéditionnaire du Mouvement de libération du Congo en République centrafricaine, étant relégué au rang de simple exécuteur des décisions de l'état-major centrafricain. Finalement, aux dires de la défense de Jean-Pierre Bemba Gombo, si la centralité des troupes du Mouvement de libération du Congo pouvait paraître certaine sur les champs de bataille de la République centrafricaine, cette même centralité s'était depuis bien longtemps délitée pour ce qui concerne les ordres reçus et exécutés par leurs troupes sur les mêmes champs de bataille. Elle s'attachait donc à faire émerger l'idée selon laquelle les troupes du Mouvement de libération du Congo ne faisaient que traduire sur le terrain les prescriptions militaires de Bangui.

Pour la Cour pénale internationale, il n'en était rien : Jean-Pierre Bemba Gombo détenait bel et bien « l'autorité nécessaire pour ce qui était des opérations et de la stratégie militaire, prenant des décisions concernant les mouvements des troupes et les opérations et, parfois, donnant des ordres directement aux unités sur le terrain[32] ». Et la Cour pénale internationale d'ajouter que Jean-Pierre Bemba Gombo, placé officiellement au sommet de la pyramide institutionnelle du Mouvement de libération du Congo et de l'Armée de libération du Congo, « avait l'autorité et la capacité nécessaire pour prendre des mesures afin d'empêcher et de réprimer l'exécution de crimes[33] » ; ce qui faisait ressortir son autorité et son contrôle effectif sur les troupes du Mouvement de libération du Congo tout au long de l'intervention de 2002-2003 en République centrafricaine. La Cour pénale internationale allait maintenir cette position, tout en la tempérant, en reconnaissant que l'état-major du Mouvement de libération du Congo avait peu contribué à la planification des opérations, aux ordres donnés ou aux activités de renseignement, mais avait joué un rôle en coordonnant les opérations, en surveillant la situation en République centrafricaine et en faisant des rapports à Jean-Pierre Bemba[34].

La mise en jeu de la responsabilité pénale du supérieur hiérarchique faisant fonction de chef militaire requiert qu'il ait eu par ailleurs connaissance que ses forces sur le terrain commettaient ou allaient commettre des crimes[35].

---

[32] CPI, Chambre de première instance III, Situation en République centrafricaine, Affaire le procureur/Jean-Pierre Bemba Gombo, 21 mars 2016, ICC 01/05-01/08, p. 227.

[33] *Idem*, p. 405.

[34] *Ibidem*, p. 239.

[35] On fera remarquer que l'élément de connaissance requis par l'Article 30 du Statut de Rome implique que l'accusé ait conscience de ses actes, qu'il ait été l'auteur principal ou le complice. Il n'en est pas le cas dans le cadre de l'Article 28 où l'accusé ne participe pas à

Dans ce cas de figure, on ne saurait engager la responsabilité pénale individuelle d'un accusé sur le seul fondement d'une présomption de connaissance des allégations qui pèseraient sur lui. C'est en cela qu'il faut s'en remettre à un certain nombre d'éléments : qu'il s'agisse des ordres visant à commettre des crimes ou le fait que l'accusé était indubitablement tenu informé de la commission des crimes par ses troupes[36]. Dans le but d'asseoir la responsabilité pénale de l'accusé, la Cour pénale internationale soutenait que dès le déploiement des troupes du Mouvement de libération du Congo en République centrafricaine, Jean-Pierre Bemba Gombo était « resté en contact régulier et direct avec les hauts gradés sur le terrain au sujet de l'état des opérations et a en outre reçu de nombreux rapports détaillés sur ces opérations » ; donnant ainsi des ordres qui ont été transmis et exécutés par le colonel Moustapha[37]. La Cour pénale internationale tirait donc la conclusion que Jean-Pierre Bemba Gombo avait eu une connaissance directe de la commission des crimes par ses hommes, ceci tout au long de l'opération de 2002-2003 en République centrafricaine[38].

La mise en jeu de la responsabilité pénale du supérieur hiérarchique faisant fonction de chef militaire exige par ailleurs qu'il n'ait pas pris toutes les mesures nécessaires et raisonnables qui étaient en son pouvoir pour s'opposer à l'innommable. Les mesures nécessaires sont des mesures

---

la commission du crime, le crime ne résulte pas directement de ses propres actes.

[36] TPIY, Jugement Galic, 5 décembre 2003, IT-98-29-T, para 700 à 705.

[37] CPI, *op. cit.*, p. 390.

[38] CPI, Décision rendue en application des alinéas a) et b) de l'Article 61-7 du Statut de Rome, relativement aux charges portées par le procureur à l'encontre de Jean-Pierre Bemba Gombo, 15 juin 2009, ICC-01/05-01/08, p. 182-187.

« appropriées » à l'exercice de la fonction de chef militaire, alors que les mesures raisonnables relèvent de celles qui sont *raisonnablement en son pouvoir*[39]. L'Article 28-a-ii du Statut de Rome de la Cour pénale internationale dispose que le chef militaire doit empêcher l'exécution des crimes, les réprimer ou en référer aux autorités compétentes aux fins d'enquête sur le fait qu'il est censé exercer une autorité et un contrôle effectif sur ses troupes. Sa responsabilité sera engagée du fait de son manquement à cette obligation d'autorité et de contrôle ; ceci conformément à l'Article 28-a du Statut de Rome de la CPI selon lequel « est pénalement responsable des crimes [...] commis par des forces placées sous son commandement et son contrôle effectif, ou son autorité et son contrôle effectif, selon le cas, lorsqu'il ou elle n'a pas exercé le contrôle qui convenait sur ses forces ».

Dans son argumentaire en contestation de ce qui précède, Jean-Pierre Bemba Gombo pouvait faire prévaloir les faits suivants. Il pouvait clamer *urbi et orbi*, dans le but selon lui d'empêcher la commission de crimes par ses soldats, qu'il avait mis en place une commission d'enquête visant à vérifier la matérialité des faits allégués contre ses hommes. Il s'ensuivra la présentation de certains d'entre eux devant une Cour martiale, à Gbadolité, à partir du 5 décembre 2002. L'accusé n'allait nullement s'en tenir à ce fait : il allait de nouveau clamer *urbi et orbi* qu'il avait saisi le représentant spécial du secrétaire général des Nations unies, par une lettre datée du 4 janvier 2003, soit un peu plus de deux mois après le début de l'intervention de 2002-2003, afin d'ouvrir une

---

[39] TPIY, Arrêt Blaskic, 29 juillet 2004, IT-95-14-A, para 72, 417 et 419. Au premier paragraphe cité, le juge a pu par exemple dire : « Les mesures nécessaires et raisonnables que doit prendre le supérieur hiérarchique sont celles qui sont en son pouvoir, pouvoir dont atteste le degré de contrôle effectif qu'il exerce sur ses subordonnés ».

enquête internationale sur les crimes commis en République centrafricaine ; ce qui, selon lui, prouvait sa bonne foi et qu'il avait pris les mesures nécessaires et raisonnables qui étaient en son pouvoir pour empêcher ou réprimer l'exécution des crimes en République centrafricaine. Or, pour la Cour pénale internationale, Jean-Pierre Bemba Gombo n'avait jamais pris de mesures concrètes pour répondre aux diverses allégations de crimes imputés à ses hommes : il n'était habité, selon elle, que par une seule idée, celle portant restauration de l'image publique du Mouvement de libération du Congo (MLC[40]). C'est bien dans cette perspective réelle que la Cour pénale internationale pouvait clamer à son tour *urbi et orbi* que « tout au long de l'opération de 2002-2003 en République centrafricaine, Jean-Pierre Bemba Gombo s'est contenté d'adresser des avertissements généraux et publics à ses troupes afin qu'elles ne maltraitent pas la population civile[41] ». Il en ressortait que dans l'océan de malheurs qu'était la République centrafricaine, Jean-Pierre Bemba Gombo n'avait rien fait de significatif pour corriger et réprimer le comportement général tenu par ses troupes comme étant attentatoire aux droits humains.

Dans sa décision du 21 mars 2016, la Chambre de première instance III, tout en relevant que les crimes allégués relevaient de sa compétence, concluait qu'« au-delà de tout doute raisonnable, Jean-Pierre Bemba Gombo est pénalement responsable au sens de l'Article 28-a des crimes contre l'humanité que constituent le meurtre et le viol, et des crimes de guerre que constituent le meurtre, le

---

[40] CPI, *op. cit.*, p. 188-194.

[41] CPI, Chambre de première instance, Situation en République centrafricaine, Affaire le procureur/Jean-Pierre Bemba Gombo, 21 mars 2016, ICC-01/05-01/08, p. 400.

viol et le pillage, commis par son corps expéditionnaire pendant l'opération de 2002-2003 en RCA[42] ».

Jean-Pierre Bemba Gombo s'était donc vu opposer d'être pénalement responsable de crimes de guerre commis en République centrafricaine, ceci sur le fondement des Articles 8-2-c-i[43], 8-2-e-VI[44] et 8-2-e-V du Statut de la Cour pénale internationale[45]. Sur ce point, on remarquera que sous l'emprise du droit international humanitaire, du début des hostilités jusqu'à ce qu'un règlement pacifique soit formulé, un conflit armé existe en soit « chaque fois qu'il y a recours à la force armée entre États ou un conflit armé prolongé entre les autorités gouvernementales et des groupes au sein d'un État[46] ». Le conflit armé centrafricain n'avait aucune dimension internationale. Un conflit armé international résulte de l'implication d'un second État, soit directement ou indirectement, aux côtés de l'une des parties adverses[47]. Et

---

[42] *Idem*, p. 408.

[43] Il s'agit des « atteintes à la vie et à l'intégrité corporelle, notamment le meurtre sous toutes ses formes, les mutilations, les traitements cruels et la torture ».

[44] Il s'agit du « viol, l'esclavage sexuel, la prostitution forcée, la grossesse forcée [...], la stérilisation forcée ou toute autre forme de violence sexuelle constituant une violation grave de l'Article 3 commun aux quatre Conventions de Genève ».

[45] Il s'agit du « pillage d'une ville ou d'une localité, même prise d'assaut ».

[46] TPIY, Le procureur/Tadic, Arrêt relatif à l'appel de la défense concernant l'exception préjudicielle d'incompétence, 2 octobre 1995, IT-94-AR72, para 70. Dans l'affaire Akayesu, le juge estimait que l'expression « conflit armé » évoque en soi l'existence d'hostilités entre des forces armées plus ou moins organisées. En sont dès lors exclus les troubles et tensions internes. TPIR, Le procureur/Akayesu, Jugement, 2 septembre 1998, ICTR-96-4-T, para 620.

[47] CPI, Chambre préliminaire I, Le procureur/Thomas Lubango Dyilo, 29 janvier 2007, ICC-01/04-01/06-803, para 209. Et la Chambre en la circonstance de dire précisément qu'elle « considère qu'un conflit armé est de caractère international s'il oppose deux ou plusieurs États,

l'imputation de crime de guerre est constituée dès lors que les crimes allégués ont été perpétrés « dans le contexte et en association avec un conflit armé ne présentant pas un caractère international ». Et c'est particulièrement en ce sens que « le comportement devra avoir été étroitement lié aux hostilités se déroulant dans une partie des territoires contrôlés par les parties au conflit. Il ne s'agit donc pas de considérer le conflit armé comme étant seul à l'origine du comportement... ni d'exiger que ce comportement se manifeste au cœur même des combats. Il demeure que le conflit armé doit, bien entendu, occuper une place majeure dans la décision prise par l'auteur du crime, dans sa capacité de commettre le crime ou encore dans la manière dont celui-ci est en définitive commis[48] ». Le conflit armé centrafricain, pour ce qui concerne la Cour pénale internationale, a été déterminant dans la commission des crimes par les soldats du Mouvement de libération du Congo (MLC) et dans la manière qu'ils les commettaient.

Une fois établi ce lien de connexité, il faut que l'auteur du crime de guerre ait eu connaissance des circonstances de fait établissant l'existence d'un conflit armé. Et la Cour de préciser que les auteurs des crimes de guerre en République centrafricaine « étaient des soldats du MLC qui combattaient pour le compte du président Ange-Félix Patassé contre les rebelles du général Bozizé. Dans ces circonstances de fait qui établissaient l'existence du conflit

---

et que cette notion couvre les cas d'occupation de tout ou d'une partie du territoire d'un État tiers, que cette occupation, de tout ou d'une partie du territoire, rencontre ou non une résistance militaire. De plus, un conflit armé interne qui éclate sur le territoire d'un État peut devenir international – ou, selon les circonstances, présenter parallèlement un caractère international – si i) les troupes d'un autre État interviennent dans le conflit (intervention directe) ou si ii) certains participants au conflit armé interne agissent au nom de cet autre État (intervention indirecte) ».

[48] CPI, Jugement Katanga, 7 mars 2014, ICC-01/04-01/07, para 1176.

armé, à savoir le recours à la force armée par les forces soutenant le président Patassé et par les rebelles du général Bozizé[49] ». La Cour pénale internationale allait donc conclure « que lors de leurs déplacements à travers le territoire centrafricain, les soldats du Mouvement de libération du Congo ont tué des civils, commis des viols, torturé, pillé des villes et des villages, commettant ainsi des crimes de guerre[50] ». La Cour pénale internationale devait tirer la conclusion que les soldats du Mouvement de libération du Congo avaient agi à chaque fois avec intention et connaissance. La défense de Jean-Pierre Bemba Gombo ne l'entendait pas de cette oreille en soutenant mordicus « qu'il n'était pas établi que les auteurs des crimes étaient des soldats du Mouvement de libération du Congo, et que ces derniers recevaient leurs ordres d'Ange-Félix Patassé, alors président de la RCA, ce qui exclut tout lien entre eux et Jean-Pierre Bemba Gombo[51] ». Cela dit, comme le précise l'Article 8 du Statut de Rome de la CPI, a) il n'est pas nécessaire d'établir que l'auteur a déterminé sur le plan juridique l'existence d'un conflit armé ou le caractère international ou non international du conflit ; b) à cet égard, il n'est pas nécessaire d'établir que l'auteur a eu connaissance des faits établissant le caractère international ou non international du conflit ; c) il faut seulement que l'auteur ait eu la connaissance des circonstances de fait établissant l'existence d'un conflit armé.

---

[49] CPI, Chambre de première instance III, Situation en République centrafricaine, Affaire le procureur/Jean-Pierre Bemba Gombo, 21 mars 2016, ICC-01/05-01/08, p. 376.

[50] CPI, Chambre préliminaire II, Décision rendue en application des alinéas a) et b) de l'Article 61-7 du Statut de Rome, relativement aux charges portées par le procureur à l'encontre de Jean-Pierre Bemba Gombo, 15 juin 2009, ICC-01/05-01/08, p. 101-121.

[51] *Idem*, p. 98.

Jean-Pierre Bemba Gombo s'était aussi vu opposer d'être pénalement responsable de crimes contre l'humanité[52]. La commission d'un crime contre l'humanité emporte l'existence de plusieurs conditions. Il faut qu'une attaque, pas seulement en elle-même militaire, soit lancée « à l'encontre d'une population civile quelconque[53] : celle-ci doit en être la cible principale et non pas incidente[54] ». Dans le but d'établir la responsabilité de l'accusé, le procureur pouvait arguer que « les troupes du MLC ont violé et tué des civils centrafricains et se sont emparées de leurs biens. Les civils ont été systématiquement dépouillés de leurs biens et ont été forcés contre leur volonté et sans rétribution de cuisiner et de faire le ménage pour les troupes du MLC... parmi les civils qui ont été tués, on compte ceux qui ont tenté de prévenir les viols, les

---

[52] Article 7, Statut de Rome de la CPI.

[53] L'Article 7-2-a du Statut de Rome de la CPI dispose que par « attaque lancée contre une population civile, on entend le comportement qui consiste en la commission multiple d'actes visés au paragraphe 1 à l'encontre d'une population civile quelconque, en application ou dans la poursuite de la politique d'un État ou d'une organisation ayant pour but une telle attaque ». Voir J. Fernandez, X. Pacreau, Statut de Rome de la Cour pénale internationale, A. Pedone, 2012, p. 417.

[54] CPI, Chambre de première instance III, Situation en République centrafricaine, Affaire le procureur/Jean-Pierre Bemba Gombo, 21 mars 2016, ICC-01/05-01/08, p. 80 ; TPIY, Arrêt Kunarac, 12 juin 2002, IT-96-23 & IT-96-23/1-A, para 90. On peut ainsi y lire que « l'emploi du terme population ne signifie pas que toute la population de l'entité géographique dans laquelle s'est déroulée l'attaque doit y avoir été soumise. Il suffit de démontrer qu'un nombre suffisant d'individus ont été pris pour cible au cours de l'attaque, ou qu'ils l'ont été d'une manière telle que la Chambre soit convaincue que l'attaque était effectivement dirigée contre une population civile, plutôt que contre un nombre limité d'individus choisis au hasard ».

attaques ou les pillages ou d'y résister[55] ». Aux dires du procureur, la population civile centrafricaine était la cible principale des miliciens du Mouvement de libération du Congo. La défense de Jean-Pierre Bemba Gombo contestera cet argument en opposant le fait que les troupes du Mouvement de libération du Congo se bornaient à poursuivre les hommes du général François Bozizé, la population civile n'étant pas leur objectif principal.

Cette attaque lancée contre la population civile doit être la manifestation de la poursuite d'une politique étatique ou d'une organisation ayant pour but une telle attaque. Pour le procureur, la soumission de la population civile centrafricaine à des attaques cruelles, inhumaines et humiliantes avait pour but d'entretenir un climat de peur généralisée afin de déstabiliser les hommes du général François Bozizé, en diminuant leurs capacités opérationnelles. Il est vrai qu'ils étaient soupçonnés de bénéficier du soutien de la population civile centrafricaine. Une telle politique peut résulter de plusieurs facteurs[56] : l'attaque a été planifiée, dirigée ou organisée ; l'attaque est un modèle récurrent de violence ; il a fallu recourir à des ressources publiques ou privées pour appliquer cette politique ; il y a eu implication de l'État ou de quelques forces organisées dans la commission des crimes ; il y a eu des instructions, des déclarations attribuables à l'État ou à l'organisation qui légitiment ou encouragent la commission des crimes.

À la lumière de l'Article 7 du Statut de la Cour pénale internationale, pour qu'il y ait crime contre l'humanité, il

---

[55] CPI, PRE-TRIAL Chamber II, Situation in the Central African Republic, In the case of the Prosecutor/Jean-Pierre Bemba Gombo, 30 march 2009, ICC-01/05-01/08-395, Anx 3, para 39.

[56] CPI, Chambre de première instance III, Situation en République centrafricaine, Affaire le procureur/Jean-Pierre Bemba Gombo, 21 mars 2016, ICC-01/05-01/08, p. 83-84.

faut par ailleurs que l'attaque lancée contre une population civile soit « généralisée » ou « systématique ». Une attaque est dite générale lorsqu'elle vise « un grand nombre de personnes ». Le juge a pu dire *expressis verbis* que « l'adjectif généralisé renvoie au fait que l'attaque a été menée sur une grande échelle ainsi qu'au nombre de victimes qui en est résulté, tandis que l'adjectif systématique reflète pour sa part, le caractère organisé des actes de violence commis et l'improbabilité de leur caractère fortuit. Il est également acquis que le caractère systématique de l'attaque renvoie à l'existence d'un scénario des crimes se traduisant par la répétition, délibérée et régulière, de comportements criminels similaires[57] ». Dans le même souffle, l'attaque doit être « massive, fréquente, menée collectivement, d'une gravité considérable et dirigée contre un grand nombre de victimes[58] ». Il faut par ailleurs que l'auteur des crimes ait eu conscience qu'une attaque généralisée était lancée contre une population civile. Le juge a pu dire en ce sens que, « outre les exigences d'intention et de connaissance prévues par l'Article 30 du Statut, s'agissant du crime contre l'humanité défini par l'Article 7-1-g, il faut également s'assurer que l'auteur matériel savait que ce comportement faisait partie d'une attaque généralisée ou systématique dirigée contre une population civile ou entendait qu'il en fasse partie[59] ». Il n'est pas nécessaire que l'auteur des crimes ait eu une pleine connaissance des « détails du plan ou de la politique de l'État ou de l'organisation ». Il doit simplement être prouvé que l'auteur des crimes savait que son « comportement faisait

---

[57] CPI, Jugement Katanga, *op. cit.*, para 1123.
[58] CPI, Chambre de première instance III, Situation en République centrafricaine, Affaire le procureur/Jean-Pierre Bemba Gombo, 21 mars 2016, ICC-01/05-01/08, p. 85.
[59] CPI, Jugement Katanga, *op. cit.*, para 971.

partie d'une attaque généralisée ou systématique dirigée contre une population civile ou ait entendu qu'il en fasse partie[60] ». Le procureur soutiendra que « les troupes du MLC ont commis ces crimes dans le contexte d'une opération autorisée par Jean-Pierre Bemba Gombo, qui s'est traduite par des actes destinés à semer la terreur parmi la population centrafricaine et annihiler sa capacité à soutenir les rebelles[61] ». Allant dans le même sens, la Cour pénale internationale en viendra à conclure que les troupes du Mouvement de libération du Congo avaient agi *« en connaissance »* de l'attaque lancée contre la population civile centrafricaine[62]. La Cour pénale internationale allait donc aboutir à la conclusion selon laquelle les soldats du Mouvement de libération du Congo (MLC) avaient commis des crimes contre l'humanité dans le cadre d'une attaque généralisée menée contre la population civile en République centrafricaine, du 26 octobre 2002 au 15 mars 2003.

Sur le fondement de ce qui précède et au-delà de tout doute raisonnable, la Chambre de première instance III, en sa décision du 21 juin 2016[63], allait condamner Jean-Pierre Bemba Gombo à 18 ans de prison pour crimes de guerre et crimes contre l'humanité, commis par sa milice entre le 26 octobre 2002 et le 15 mars 2003 en République centrafricaine. Persuadés que leur client avait été

---

[60] Art. 7-1-a, para 3 ; Art. 7-1-g-1, para 4, Statut de la CPI.

[61] CPI, PRE-TRIAL Chamber II, Situation in the Central African Republic, In the case of the Prosecutor/Jean-Pierre Bemba Gombo, ICC-01/05-01/08-395-Anx3, para 87.

[62] CPI, Chambre préliminaire II, Décision rendue en application des alinéas a) et b) de l'Article 61-7 du Statut de Rome, relativement aux charges portées par le procureur à l'encontre de Jean-Pierre Bemba Gombo, 15 juin 2009, ICC-01/05-01/08, p. 47-48.

[63] CPI, Chambre de première instance III, Décision relative à la peine rendue en application de l'Article 76 du Statut, 21 juin 2016, ICC-01/05-01/08, 55 p.

sanctionné à tort, les défenseurs de l'accusé allaient interjeter appel.

B. L'exonération de la responsabilité pénale individuelle de Jean-Pierre Bemba Gombo dans la commission de crimes de guerre et de crimes contre l'humanité en RCA

Jean-Pierre Bemba Gombo n'aura eu de cesse, tout au long de sa procédure judiciaire devant la Cour pénale internationale, de soutenir que la Chambre de première instance s'était fourvoyée en le déclarant responsable, en tant que chef militaire, sur le fondement de l'Article 28-a du Statut de Rome, de la commission de crimes de guerre et de crimes contre l'humanité en raison du comportement de ses troupes durant l'opération de 2002-2003 en République centrafricaine. Ce fut donc l'un des moyens d'appel introduit par la défense de l'accusé.

Pour ce qui concerne la Chambre de première instance, Jean-Pierre Bemba Gombo avait recouru à « quelques mesures » afin de répondre aux allégations de crimes imputées à ses troupes lors de la campagne centrafricaine[64]. Elle relevait, par exemple, que l'accusé avait mis en place la *Commission Mondonga* dans le but de sanctionner les faits de pillage dont s'étaient rendus coupables ses hommes sur le terrain, d'où la traduction en Cour martiale du lieutenant Bomengo et de ses acolytes le 5 décembre 2002, sans oublier les « contacts » de Jean-Pierre Bemba Gombo avec le général Cissé, représentant des Nations unies en République centrafricaine. Malgré

[64] CPI, Chambre d'appel, Arrêt relatif à l'appel interjeté par Jean-Pierre Bemba Gombo contre le jugement rendu en application de l'Article 74 du Statut par la Chambre de première instance III, 8 juin 2018, ICC-01/05-01/08 A, p. 50.

cela, la Chambre de première instance concluait que ces mesures étaient « limitées quant à leur mandat, leur exécution et/ou leurs résultats ». À titre de démonstration, la Chambre de première instance notait que la *Commission Mondonga* ne s'était nullement intéressée à la responsabilité des chefs militaires, qu'elle avait quelque peu ignoré les allégations de viols, tout en traitant favorablement ceux qui étaient mis à l'index pour atteinte au droit des gens. Il en résultait que la *Commission Mondonga* n'était innervée que des buts suivants[65] : démentir les allégations de crimes imputés aux troupes de Jean-Pierre Bemba Gombo, démontrer à la face du monde que des mesures étaient prises en réaction aux allégations de crimes, dégager la responsabilité de la direction du Mouvement de libération du Congo à l'égard des actes de violence allégués, restaurer l'image du Mouvement de libération du Congo. Toujours au titre des insuffisances des mesures prises par Jean-Pierre Bemba Gombo pour mettre fin à l'innommable perpétré par ses troupes sur le théâtre de guerre centrafricain, on observera que si, *dans un premier temps*, la Chambre de première instance avait pu relever la volonté de l'accusé à travers une lettre en date du 20 février 2003, adressée au président de la Fédération internationale des droits de l'homme (FIDH), Sidiki Kaba, d'ordonner l'établissement d'une Commission d'enquête chargée de vérifier les allégations d'atteinte aux droits humains, d'identifier les personnes impliquées et les avoir mises à la disposition de la justice militaire du Mouvement de libération du Congo ; la même Chambre de première instance n'avait pas manqué, *dans un second temps*, de signifier les interrogations de monsieur Sidiki Kaba sur la légitimité, l'impartialité et l'indépendance des poursuites engagées par le droit interne du Mouvement de libération du Congo. La

---

[65] *Idem*, p. 54.

Chambre de première instance en venait *de facto* à amoindrir, si ce n'est à annihiler, la portée des actions en restauration du droit entreprises par Jean-Pierre Bemba Gombo.

L'insuffisance du contenu de la réaction de Jean-Pierre Bemba Gombo pour répondre aux allégations de crimes paraissait d'autant plus grave que, selon la Chambre de première instance, les quelques mesures édictées n'étaient pas prises de « bonne foi ». L'accusé n'était seulement qu'à la poursuite de la préservation de l'image du Mouvement de libération du Congo. Son pouvoir d'empêcher et de répression des faits qui portaient atteinte aux droits humains aurait dû le conduire sur le sentier suivant : veiller à ce que les troupes du Mouvement de libération du Congo en République centrafricaine soient familiarisées avec les règles du droit international humanitaire ; engager des enquêtes véritables et complètes sur la commission des crimes ; donner des ordres clairs aux commandants des troupes localisées en République centrafricaine pour empêcher la commission de crimes ; retirer, remplacer ou démettre les officiers et les soldats convaincus d'avoir commis ou toléré des crimes en République centrafricaine.

Jean-Pierre Bemba Gombo allait s'élever en faux contre l'argument selon lequel il n'avait pas pris toutes les mesures nécessaires et raisonnables pour empêcher ou réprimer les crimes commis par ses troupes en République centrafricaine ; d'où, selon lui, l'erreur commise par la Chambre de première instance. Elle tenait au fait que la Chambre de première instance n'avait en aucun cas appliqué la norme de droit qui convenait. En ce sens qu'un chef militaire n'est appelé à prendre que les mesures qui relèvent matériellement de son pouvoir. On aurait donc dû apprécier sa responsabilité pénale à l'aune d'une « situation exceptionnelle » : la guerre civile en

République centrafricaine. Il en découlait que la Chambre de première instance devait « se concentrer sur ce qui était faisable et réalisable à l'époque considérée[66] », d'autant plus qu'il n'avait pas participé ou assisté à la commission des crimes, objet de l'engagement de sa responsabilité pénale. Et la défense de Jean-Pierre Bemba Gombo de faire valoir que la Chambre de première instance avait commis une autre erreur en ne prenant pas en considération dans ses conclusions la capacité limitée du Mouvement de libération du Congo à mener des enquêtes sur le théâtre de la guerre civile centrafricaine. Cette limite tenait en elle-même à la souveraineté de l'État centrafricain où bien évidemment toute quelconque projection nécessitait une coopération avec Bangui. Cette limite résultait tout aussi simplement des contraintes du terrain : comment mener une enquête sur un théâtre mouvant et fragmenté ? De fait, son pouvoir d'enquêter paraissait grandement limité, il semblait être dans l'incapacité de prendre des mesures disciplinaires. Malgré cela, l'accusé, pour sa défense, soutenait qu'il avait par exemple pris le soin de demander au Premier ministre centrafricain d'enquêter sur les allégations de crimes commis par ses troupes en République centrafricaine. Il avait donc tenu informées les autorités centrafricaines de ce qui se passait sur le théâtre des opérations, contrairement à ce que soutenait le procureur.

L'erreur commise par la Chambre de première instance tenait aussi, aux dires de la défense de Jean-Pierre Bemba Gombo, au fait qu'elle avait ignoré le « défaut de pertinence associé en droit pénal aux mobiles de l'infraction ». De sorte que la Chambre de première instance n'avait pas à s'en tenir aux motivations qui avaient conduit Jean-Pierre Bemba Gombo à prendre des

---

[66] *Ibid.*, p. 57.

sanctions contre ses soldats mis à l'index pour crimes. Et l'accusé d'affirmer que les sanctions prises pour réprimer le comportement attentatoire aux droits humains tenu par ses hommes n'étaient en rien mues par la volonté de préserver l'image du Mouvement de libération du Congo, comme le brandissait le procureur. Il s'agissait bel et bien d'une action en restauration du droit. Balayant d'un revers de la main l'argumentaire du procureur, il pouvait dire : « il n'y avait pas de débordement ou de comportement délictueux aggravé dans les territoires contrôlés par le Mouvement de libération du Congo[67] ». Il pouvait tout aussi dire *urbi et orbi* que la discipline régnait au sein du Mouvement de libération du Congo. Il en était ainsi précisément parce qu'il avait pris des mesures nécessaires : sans être exhaustif, il pouvait citer l'Accord entre le Tchad et la République centrafricaine visant à instituer une Commission internationale d'enquête sur les allégations de crimes perpétrés pendant l'intervention de 2002-2003 ou la saisine du président de la Fédération internationale des droits de l'homme (FIDH).

La Chambre d'appel, à la majorité de ses membres, parvenait à la conclusion que la Chambre de première instance avait eu tort de condamner Jean-Pierre Bemba Gombo au motif qu'il n'eût pas pris toutes les mesures nécessaires et raisonnables qui étaient en son pouvoir pour empêcher ou réprimer les crimes commis par les troupes du Mouvement de libération du Congo lors de l'opération de 2002-2003 en République centrafricaine. Il en était ainsi précisément parce que « la conclusion de la Chambre de première instance était entachée de graves erreurs ». En effet, pour la Chambre d'appel, « la portée de l'obligation de prendre *toutes les mesures nécessaires et raisonnables* est intrinsèquement liée à l'étendue de la capacité

[67] *Ibidem*, p. 68.

matérielle d'un chef militaire d'empêcher ou de réprimer l'exécution de crimes ou d'en référer aux autorités compétentes aux fins d'enquête et de poursuites[68] ». Poursuivant son raisonnement, la Chambre d'appel allait préciser « qu'on ne saurait reprocher à un chef militaire de n'avoir pas fait quelque chose qu'il n'avait pas le pouvoir de faire ». De sorte que la Chambre de première instance devait se demander, à l'aune des circonstances de l'époque, ce que l'accusé pouvait prendre comme mesures nécessaires et raisonnables[69]. Encore fallait-il, selon la Chambre d'appel, « déterminer de quels crimes le chef militaire avait connaissance ou aurait dû avoir connaissance, et à quel moment ». Par ailleurs, la Chambre d'appel précisait qu'un chef militaire n'est pas tenu d'user de toutes les mesures en sa disposition : il lui est demandé, à la lumière de l'Article 28 du Statut de Rome, de faire uniquement « ce qui est nécessaire et raisonnable dans les circonstances ». *De facto*, la Chambre de première instance devait concrètement préciser ce que l'accusé aurait dû faire. Aussi, ne l'ayant pas fait, la Chambre de première instance « n'a pas tenu compte de ce qui était faisable et possible pour lui dans les circonstances »,

---

[68] CPI, Arrêt relatif à l'appel interjeté par Jean-Pierre Bemba Gombo contre le jugement rendu en application de l'Article 74 du Statut par la Chambre de première instance III, 8 juin 2018, ICC-01/05-01/08 A, p. 76 ; TPIY, Jugement Karadzic, 24 mars 2016, IT-95-5/18-T, para 587. En ce dernier point, le juge a pu dire : *« for the accused to be held responsible under Article 7(3), it must be established that he failed to take the necessary and reasonable measures to prevent or punish the commission of the crime charged. Determining what measures are necessary and reasonable to prevent or punish crimes committed by subordinates is a question of fact and not of effective control can be used to determine the necessary and reasonable measures within the competence of a superior »*.

[69] Pour un exemple de mesures à la disposition des chefs militaires, voir CPI, Jugement Strugar, 31 janvier 2005, IT-01-42-T, para 374-378.

rejoignant en cela la défense de Jean-Pierre Bemba Gombo.

En réalité, il semble bien que l'évaluation des mesures prises par l'accusé ne l'ait pas été convenablement, la Chambre de première instance s'étant focalisée à rechercher les motivations qui avaient pu conduire Jean-Pierre Bemba Gombo à mettre en place, par exemple, la *Commission Mondonga*, ignorant au passage l'appel écrit de l'accusé au Premier ministre centrafricain relativement à la création d'une Commission d'enquête internationale. Elle n'avait pas apprécié à sa juste valeur « les limitations auxquelles Jean-Pierre Bemba Gombo, en tant que chef militaire éloigné de ses troupes déployées à l'étranger, aurait fait face pour enquêter sur des crimes et en poursuivre les auteurs[70] ». Et la Chambre d'appel de conclure en précisant que « si la Chambre de première instance avait correctement évalué les mesures prises par Jean-Pierre Bemba Gombo et si elle avait judicieusement appréhendé la liste des mesures dont elle a affirmé que Jean-Pierre Bemba Gombo aurait pu les prendre à la lumière des limitations auxquelles il faisait face dans les circonstances spécifiques dans lesquelles il opérait, elle n'aurait pas pu parvenir à la même conclusion. Les erreurs commises par la Chambre de première instance l'ont conduite à déraisonnablement apprécier la réponse à la question de savoir si Jean-Pierre Bemba Gombo n'avait pas pris toutes les mesures nécessaires et raisonnables dans les circonstances qui régnaient à l'époque[71] ».

Dans le but de s'exonérer de toute responsabilité pénale dans la commission des crimes en République

[70] CPI, Arrêt relatif à l'appel interjeté par Jean-Pierre Bemba Gombo contre le jugement rendu en application de l'Article 74 du Statut par la Chambre de première instance III, *op. cit.*, p. 89.
[71] *Idem*, p. 90.

centrafricaine durant l'opération de 2002-2003, Jean-Pierre Bemba Gombo introduisait un autre moyen d'appel. En effet, pour ce qui le concerne, la Chambre de première instance avait commis une erreur de droit en ayant rendu *une décision qui allait au-delà des faits et des circonstances* décrits dans les charges et les modifications apportées à celles-ci[72]. Le Bureau du procureur aurait ainsi ajouté de nouveaux actes criminels qui étaient de fait une nouvelle modification des charges, ce qui n'était pas sans le pénaliser « compte tenu du lien étroit entre la notification des charges et le droit de l'accusé de préparer sa défense ». Il fallait donc s'en remettre uniquement aux actes criminels confirmés par la Chambre préliminaire en sa décision relative à la confirmation des charges. La Chambre d'appel devait aller dans le même sens que la défense de l'accusé. Elle notait que c'était bien après la confirmation des charges et après la saisine de la Chambre de première instance que le procureur s'était permis d'ajouter de nouveaux actes criminels de meurtre, de viol et de pillage, au moyen de simple communication de documents. Pour la Chambre d'appel, ces actes criminels ajoutés et donc supplémentaires ne sauraient faire partie « des faits et des circonstances décrits dans les charges », au sens de l'Article 74-2 du Statut de Rome, et ceci précisément parce que le document de notification des charges n'avait pas été modifié conformément au droit pour refléter ces actes : Jean-Pierre Bemba Gombo ne pouvait, pour la Chambre d'appel, être déclaré coupable. Il en résultait que **la Chambre de première instance avait**

[72] L'Article 74-2 du Statut de Rome dispose : « la Chambre de première instance fonde sa décision sur son appréciation des preuves et sur l'ensemble des procédures. Sa décision ne peut aller au-delà des faits et des circonstances décrites dans les charges et les modifications apportées à celles-ci. Elle est fondée exclusivement sur les preuves produites et examinées au procès ».

eu tort de déclarer l'accusé coupable des actes ci-après, qui ne s'inscrivaient pas dans le cadre « des faits et des circonstances dans les charges » :

I. le meurtre d'une femme, le lendemain de l'arrivée du MLC au PK12 ;

II. le pillage des biens au PK12, le lendemain de l'arrivée du MLC ;

III. le pillage des biens au PK12, plusieurs jours après l'arrivée du MLC ;

IV. le viol d'une fille au PK12, plusieurs jours après l'arrivée du MLC au PK12 ;

V. le pillage des biens à Sibut, les jours qui ont suivi l'arrivée du MLC ;

VI. le pillage des biens au PK12, pendant que le MLC s'y trouvait ;

VII. le viol de deux fillettes non identifiées âgées de 12 et 13 ans à Bangui, le 30 octobre 2002 ou vers cette date ;

VIII. le pillage des biens à Bangui, après le 30 octobre 2002 ;

IX. le pillage des biens au PK12, en novembre 2002 ;

X. le viol d'une femme dans la brousse à l'extérieur du PK22, en novembre 2002 ;

XI. le pillage des biens d'une femme dans la brousse à l'extérieur du PK22, en novembre 2002 ;

XII. le viol d'une femme au PK12, fin novembre 2002 ;

XIII. le pillage des biens au PK12, fin novembre 2002 ;

XIV. le viol à Mongoumba, le 5 mars 2003 ;

XV. le pillage des biens d'une église, de religieuses, de prêtres, d'un homme « musulman » non identifié et de son voisin, de la gendarmerie et du maire à Mongoumba, le 5 mars 2003 ;

XVI. le meurtre d'un homme « musulman » non identifié le 5 mars 2003, à Mongoumba.

Les seuls actes criminels qui s'inscrivaient dans le cadre des charges, selon la Chambre d'appel, étaient donc les suivants :

I. le viol à Bangui, le 30 octobre 2002 ou vers cette date ;

II. le pillage des biens d'une famille à Bangui, le 30 octobre 2002 ou vers cette date ;

III. le meurtre d'un « frère » et de deux autres filles au PK12, début novembre 2002 ;

IV. le viol à Bangui, fin octobre 2002 ;

V. le viol de deux autres filles au PK12, début novembre 2002 ;

VI. le pillage des biens à Bangui, début novembre 2002 ;

VII. le viol au PK12, le 6 novembre 2002 ou vers ces dates ;

VIII. le pillage des biens au PK12, les 6 et 7 novembre 2002 ou vers ces dates ;

IX. le viol d'une fille au PK12, vers fin novembre 2002 ;

X. le pillage des biens d'une famille au PK12, fin novembre 2002 ;

XI. le viol à Mongoumba, le 5 mars 2003.

La Chambre d'appel allait donc conclure, à la majorité de ses membres, que la Chambre de première instance avait eu tort de déclarer Jean-Pierre Bemba Gombo coupable d'actes criminels, car ces actes n'entraient pas dans le cadre des « faits et circonstances décrits dans les charges », ceci au sens de l'Article 74-2 du Statut de Rome. C'est bien dans ces circonstances que la Chambre d'appel allait annuler la déclaration de culpabilité prononcée à l'encontre de Jean-Pierre Bemba Gombo, et *de facto*, l'acquitter des charges qui pesaient contre lui.

Le parcours judiciaire de Jean-Pierre Bemba Gombo devant la Cour pénale internationale n'est que la conséquence d'un ordre juridique continental sans cesse fracturé par une belligérance interne qui se renouvelle continuellement. Les exemples ne manquent pas. L'Éthiopie, devenue un pôle de stabilité et de croissance économique, voit son modèle institutionnel contesté militairement par la rébellion du Tigré. Le Mozambique a vu la province de Cabo Delgado en passe de constituer un nouveau point d'ancrage des groupes armés terroristes globalisés, n'eût été l'intervention militaire du Rwanda, très vite suivie par le reste des pays de la Communauté de développement d'Afrique australe (SADC). En réalité, cet appui de Kigali à Maputo appelle à l'édification de Communautés régionales de défense. Il s'agit en l'espèce de fondre, en partie, des Forces nationales des États membres dans des corps d'armées sous-régionales placés sous le commandement d'un état-major et prêts à intervenir pour rétablir tout ordre juridique sous-régional menacé d'implosion. Il s'agit là d'une simple application du principe de subsidiarité qui guide par ailleurs l'action de l'Union africaine. La mise en place des Communautés régionales de défense devrait de fait faciliter l'intégration politique du continent, en ce sens que les buts de toute politique de défense emportent la définition des buts politiques. L'idée peut paraître avoir été déjà mise en œuvre. Dans les faits, il n'en est rien. Le projet de paix et de sécurité continental a été par exemple porté par la Communauté des États d'Afrique centrale (CEEAC) le 25 février 1999, avec l'établissement d'un mécanisme de promotion, de maintien et de consolidation de la paix et de la sécurité sous l'appellation du **Conseil de paix et de sécurité d'Afrique centrale** (COPAX). Ce dernier est *in concreto* l'organe de concertation politique et militaire de la CEEAC, un instrument de mise en pratique d'une diplomatie préventive visant à résorber et contrer la belligérance à l'œuvre au sein de cet espace sous-régional. Il s'en est suivi la constitution d'un Pacte d'assistance mutuelle et la mise en place d'un état-major régional. Malgré cette ingénierie juridique, le COPAX éprouve encore des difficultés à remplir ses missions, la sous-région étant traversée par bien des vents contraires qui alimentent la conflictualité ; d'où l'intérêt de mutualiser les moyens militaires pour défendre les légalités républicaines sans cesse contestées. Cela devrait rester un objectif stratégique pour un continent très vaste, mais encore sous-peuplé comme le nôtre. Le COPAX devrait donc se réinventer en misant sans réserve sur un monde nouveau tel qu'il apparaît peu à peu.

Ce même parcours judiciaire de Jean-Pierre Bemba Gombo devant la Cour pénale internationale a montré, à bien des égards, les difficultés d'asseoir une gouvernance pénale internationale. Il en est ainsi certainement parce que l'adhésion des peuples à ce système s'est au fil du temps étiolée, les Africains, par exemple, s'estimant particulièrement mis à l'index. Il en est ainsi par ailleurs en raison du choc hégémonique des puissances qui pousse chacun des acteurs du système international à vouloir s'exonérer de la juridiction de la Cour pénale internationale. Or, le système pénal international est fondé sur des accords que l'on souhaite habités d'une force obligatoire aux yeux des différents partenaires et mus par le principe *pacta sunt servanda* qui selon la Convention de Vienne sur le droit des traités de 1969 emporte l'obligation pour toutes les parties à un traité de l'exécuter de bonne foi[73]. Il en est ainsi, enfin, parce que le système pénal international ne vise qu'une universalité circonscrite par son corpus juridique.

[73] O. Corten ; P. Klein, *Les Conventions de Vienne sur le droit des traités*, Tome II, Bruylant, 2006, p. 1075.

II.

La justice pénale internationale face aux chocs des réalités politiques du système international

La légitimité d'un *« internationalisme activiste »* avait semblé se renforcer après l'effondrement du mur de Berlin le 9 novembre 1989 et particulièrement à la suite des attentats du 11 septembre 2001. Aujourd'hui, il n'en est plus rien, le mécanisme inverse a paru s'enclencher et un auteur de souligner qu'il se dessine « une dichotomie formelle entre un droit international fondé sur le principe d'égalité et un autre fondé sur le pouvoir de l'hégémonie[74] ». La raison en est simple : une nouvelle division du monde se profile, une division idéologique construite sur des légitimités rivales qui remettent en cause « l'idéal même de la transformation progressive du monde en une communauté gouvernée par des principes et institutions internationaux largement acceptés[75] ».

Or l'idée même d'une Communauté internationale inspirée par un destin commun à l'ensemble de l'humanité resterait à jamais évanescente en l'absence d'une Communauté d'action fondée sur une convergence des

[74] N. Berman, *Passions et ambivalences : le colonialisme, le nationalisme et le droit international*, A. Pedone, 2008, p. 94.
[75] *Idem*, p. 95.

intérêts pluriels qui traversent la planète. Malheureusement, la Communauté internationale fait face à l'heure actuelle à une fracturation de ses moyens d'action, ce qui tend à ruiner toute entreprise collective efficace. Il devient donc urgent d'œuvrer à la promotion du multilatéralisme et à la convergence des approches au sein du système international pour relever les défis mondiaux. *De facto*, il semble que l'on s'éloigne quelque peu de cet objectif. Un exemple emblématique en est donné aujourd'hui par le nationalisme vaccinal dont font preuve certains États, alors même que l'éradication du coronavirus passe par une vaccination de tous et non de certains, ce qui nécessite en somme une action commune à l'échelle de la planète où par exemple les vaccins contre la pandémie du coronavirus seraient élevés au rang de biens publics mondiaux. Le débat sur la gestion réussie ou non de la pandémie du coronavirus par l'Organisation mondiale de la santé (OMS) a, en réalité, révélé les vulnérabilités du système international. Elles ont mis au grand jour la nécessité « d'inventer de nouvelles solutions internationales », comme l'a souligné le président Emmanuel Macron en son discours devant l'Assemblée générale des Nations unies, à l'occasion de sa 75e Session, le 22 septembre 2020. Il s'agit, pour le président français, de sortir du « choc hégémonique des puissances » qui n'est pas sans porter atteinte au multilatéralisme ou au « piétinement du droit international ». Pour ce qui le concerne, « les fragilités révélées par la pandémie du coronavirus imposent de rebâtir un nouvel ordre », fondé sur « le respect du droit international humanitaire et des droits fondamentaux de chacun ». Et le président Emmanuel Macron d'ajouter qu'il « se construira sur la base d'accords solides, respectés, vérifiés entre partenaires de bonne foi, autour d'objectifs et de règles claires, avec une vraie responsabilité et des mécanismes de recevabilité ».

Il paraît donc quelque peu illusoire de vouloir atteindre les objectifs de sécurité et de développement, en l'absence d'un corpus juridique portant protection des droits de l'homme ou des principes démocratiques. La création de la Cour pénale internationale résulte de cette volonté unanime de la Communauté internationale visant à mettre un terme à l'impunité des criminels, le but étant que les crimes de portée internationale qui « menacent la paix, la sécurité et le bien-être du monde » ne soient plus jamais attentatoires à l'ordre public international. C'est bien cet objectif général qui explique, en partie, que soient inscrites sur le frontispice de la Cour pénale internationale la promotion et la protection de l'ensemble des droits de l'homme et des libertés fondamentales, ceci d'autant plus que tous les droits de l'homme sont universels, indivisibles, interdépendants et indissociables.

On devine alors que l'universalité demeure au cœur même de l'action de la Cour pénale internationale. Il ne pouvait en être autrement car l'Institution reste manifestement habitée par la hantise de sa finalité : assurer une répression des crimes les plus graves qui défient la conscience humaine. Si son ordre juridique porte en lui un ensemble de règles sacralisant l'universalité de ses missions, il n'en est pas moins vrai que cette même universalité fait l'objet d'une défiance prononcée de la part de quelques grandes puissances (A). Si, par ailleurs, le champ de compétence de la Cour pénale internationale a été strictement borné pour qu'il ne rentre pas en collision avec la souveraineté des États, force est de reconnaître que la réalité a été plus forte : le principe d'indépendance[76],

[76] Le préambule du Statut de la CPI dispose : « déterminés, à ces fins dans l'intérêt des générations présentes et futures, à créer une Cour

pierre angulaire du fonctionnement de la Cour pénale internationale, est battu en brèche par les principaux acteurs du système international. Le constat interpelle d'autant plus l'observateur que les missions de la Cour pénale internationale font écho à « l'action multilatérale en faveur de la paix et de la sécurité internationales menée par le Conseil de sécurité[77] ». C'est lui qui, en vertu du chapitre VII de la Charte des Nations unies, détient la prérogative principale en matière de maintien de la paix et de la sécurité internationale. La Cour pénale internationale est par ailleurs contestée par l'Union africaine (UA), certains États s'étant retirés du Statut de Rome, en raison d'un trop fort tropisme africain de la part de la Cour pénale internationale (B). C'est bien ce ressenti qui explique que, malgré un mandat d'arrêt émis à son encontre, l'ancien président soudanais, Omar Al-Bashir, ait pu séjourner en 2010 au Kenya[78] ou en 2011 en République de Djibouti, sans être arrêté et déféré à La Haye. Dans l'ensemble, la Cour pénale internationale est confrontée au principe de réalité qui domine toute projection des acteurs du système international, ce qui n'est pas sans interroger son universalisme.

---

pénale internationale permanente et indépendante reliée au système des Nations unies, ayant compétence à l'égard des crimes les plus graves qui touchent l'ensemble de la Communauté internationale ».

[77] A. Aziz Mbaye, La Cour pénale internationale : vers un nouvel ordre pénal international ?, Thèse de droit, Université de Reims, 2005, p. 153.

[78] CPI, Le procureur/Omar Hassan Al-Bashir, Décision informant le Conseil de sécurité de l'Organisation des Nations unies et l'Assemblée des États parties au Statut de Rome de la présence d'Omar Al-Bashir sur le territoire de la République du Kenya, 27 août 2010, ICC-02/05-01/09.

A. L'universalité de la CPI mise en échec par son corpus juridique et par la défiance des grandes puissances

La Cour pénale internationale (CPI) ne peut juger que les crimes commis sur le territoire des États parties au traité de Rome ou par leurs nationaux[79], à moins que la saisine soit le fait du Conseil de sécurité des Nations unies[80]. Il est donc reconnu au Conseil de sécurité une large liberté d'action, d'autant plus que l'Article 16 du Statut de Rome dispose qu'« aucune enquête ni aucune poursuite ne peuvent être engagées ni menées en vertu du présent Statut pendant les douze mois qui suivent la date à laquelle le Conseil de sécurité a fait une demande en ce sens à la Cour dans une résolution adoptée en vertu du chapitre VII de la charte des Nations unies ; la demande peut être renouvelée par le Conseil dans les mêmes conditions ». Certains n'ont pas manqué d'y voir le spectre d'une justice des puissants au détriment des plus faibles. L'idée d'une justice pénale internationale à géométrie variable s'est alors très rapidement répandue dans bien des consciences, avec un soubassement selon lequel les grandes puissances, particulièrement les cinq membres permanents du Conseil de sécurité, allaient instrumentaliser à leur propre avantage et à volonté le nouvel instrument portant répressions des crimes les plus

---

[79] Voir l'Article 12 du Statut de Rome de la CPI.

[80] L'Article 13 du Statut de Rome de la CPI dispose en ce sens que : la Cour peut exercer sa compétence à l'égard d'un crime visé à l'Article 5 [...] a) si une situation dans laquelle un ou plusieurs de ces crimes paraissent avoir été commis est déférée au procureur par un État partie [...] b) si une situation dans laquelle un ou plusieurs de ces crimes paraissent avoir été commis est déférée au procureur par le Conseil de sécurité agissant en vertu du chapitre VII de la Charte des Nations unies ; ou c) si le procureur a ouvert une enquête sur le crime en question en vertu de l'Article 15.

graves qui défient l'imagination. Le droit de veto reconnu aux cinq membres permanents du Conseil de sécurité est venu fleurir les inquiétudes relatives à l'instrumentalisation de la Cour pénale internationale (CPI). Et Robert Charvin de renchérir, dans une perspective beaucoup plus large encore, en s'élevant contre le fait que « le droit cède la place à une nouvelle morale définie par les seules Puissances à la recherche d'une légitimation de leur interventionnisme[81] ».

Conformément à l'Article 5 du Statut de Rome, la Cour pénale internationale ne juge que les individus mis à l'index pour commission de crimes les plus graves qui touchent l'ensemble de la communauté internationale[82] : crimes de génocide, crimes contre l'humanité, crimes de guerre, crimes d'agression. Cet article « illustre particulièrement bien le fait que le Statut de la Cour pénale internationale est le fruit d'un compromis politique entre les États signataires[83] ». Ces crimes ont été « listés » précisément pour ne pas laisser de marge de manœuvre à la Cour pénale internationale. Par ailleurs, sur les cent quatre-vingt-treize (193) États membres que comptent les Nations unies, seulement cent vingt-trois (123) sont parties au traité de Rome. Parmi ces derniers, trente-deux (32) ne l'ont pas ratifié, au premier rang desquels on trouve la Russie et les États-Unis. Parmi les cinq membres permanents du Conseil de sécurité, seules la France et la Grande-Bretagne sont parties au Statut de Rome de la

[81] R. Charvin, La question libyenne : ingérences, chaos et décomposition du droit international, *RGDIP*, 2019, n° 3, p. 606.

[82] CDI, Rapport de la Commission à l'Assemblée générale sur les travaux de sa 46e session, Annuaire de la CDI 1994, vol. II-2, A/51/22, p. 19.

[83] J. Fernandez, X. Pacreau, Statut de Rome de la Cour pénale internationale : commentaire article par article, A. Pedone, 2012, p. 369.

Cour pénale internationale. La Chine, les États-Unis et la Russie n'y sont pas parties prenantes, ceci alors même qu'ils sont appelés à se prononcer sur le déferrement à la Cour de certaines situations qui menacent la paix et la sécurité internationale. Et Maurice Kamto de relever le paradoxe qui suit : « [...] le bon sens et une certaine logique juridique commanderaient que les États membres du Conseil de sécurité, qu'ils soient permanents ou non permanents et qui ne sont pas parties au Statut de la Cour, ne prennent pas part aux délibérations du Conseil relativement au déferrement d'une situation devant la CPI[84] ».

La Société des Nations, mise en place avec le Pacte du 5 novembre 1919, une pure créativité américaine, avait pâti de l'absence des États-Unis en son sein. « Leur absence dura jusqu'au terme de l'existence de la SDN, entamant gravement dès le départ le crédit de l'Institution[85] ». Aussi, la Société des Nations n'a-t-elle pas été au rendez-vous de son destin politique tel que le lui promettait le président Woodrow Wilson. Il est vrai qu'elle a été prise dans l'étau des contradictions politiques, idéologiques, territoriales, économiques et sociales qui affleuraient alors dans le système international. En réalité, la défection américaine, à raison du veto du Congrès nourri par une tentation isolationniste, aura été déterminante dans l'incapacité de la SDN à réguler son ordre juridique. Aujourd'hui, la Cour pénale internationale semble elle aussi pâtir de la même absence de Washington en qualité de partie prenante et surtout de leurs actions en contestation de sa légitimité.

---

[84] In l'affaire Al-Bashir et les relations de l'Afrique avec la Cour pénale internationale, Liber Amicorum en l'honneur de Raymond Ranjeva, A. Pedone, 2013, p. 151.

[85] D. Gaurier, *Histoire du droit international : de l'antiquité à la création de l'ONU*, PUR, 2014, p. 490.

Ayant une politique étrangère extravertie, du moins jusqu'à l'arrivée de Donald Trump à la Maison-Blanche, les États-Unis ont vu en la Cour pénale internationale un instrument portant limitation de leurs opérations militaires extérieures dans la mesure où la justiciabilité de leurs soldats ou de leurs principaux acteurs politiques pouvait y être soulevée. Il ne s'agissait là, de rien de moins, que de la résurgence d'un sentiment profondément américain qui imprègne depuis bien longtemps leur politique étrangère, **l'unilatéralisme**. Il exprime cette tendance typiquement américaine à vouloir agir sur la scène internationale en faisant fi des règles multilatérales. L'idée sous-jacente, celle qui est au fondement de cette inclinaison américaine, est que les règles communément contractées au sein des organisations internationales ne sont rien d'autre que des « freins » au déploiement de leur imperium : *l'interdépendance est vécue comme une dépendance*. Et c'est donc pour cela, en cohérence avec eux-mêmes, qu'ils entendent s'exonérer des prescriptions de la justice pénale internationale. En fait, on ne devrait pas s'en étonner, cette posture américaine révèle « le caractère intermittent du respect montré par les États à l'obligation de subordonner leur action à l'autorité de la communauté internationale formellement constituée[86] ». Dans son Cours général de droit international public à l'Académie de droit international de La Haye, Serge Sur relève une ***« attitude contrastée des États face au droit international[87] »***. Il estime que « pour certains, le droit international devient une composante de l'État de droit, dans la mesure où il est incorporé dans leur droit interne et y régit un nombre croissant de questions, droits de l'homme, mesures de

[86] N. Berman, *op. cit.*, p. 95.
[87] S. Sur, La créativité du droit international, Cours général de droit international public, Académie de droit international de La Haye, 2014, p. 57.

sécurité, échanges économiques et multiples réglementations techniques ». Dans le même élan, il en vient à constater que « pour d'autres, le droit international n'est qu'un instrument juridique utile pour réaliser leurs desseins, mais inutile, voire dangereux s'il peut les contrarier. Ils sont dès lors portés à se tenir à l'écart des grands instruments internationaux récents – les Statuts de Rome, divers traités relatifs au droit humanitaire ou à l'environnement – et à minimiser les contraintes de leurs engagements antérieurs ». Manifestement, les États-Unis entendent s'inscrire dans cette seconde catégorie.

En réalité, apostropher l'unilatéralisme américain n'est pas en soi un fait nouveau. La question s'était déjà posée avec acuité à la suite des attentats du 11 septembre 2001 et lors de la seconde guerre d'Irak en 2003 où les États-Unis n'avaient pas hésité à passer outre les dissensions qui traversaient le Conseil de sécurité des Nations Unies pour y recourir à la force armée. Cela dit, il est vrai que Barack Obama en viendra à tempérer cette tentation typiquement américaine en proposant un discours porté par le multilatéralisme. Le nouveau président américain, Joe Biden, semble s'inscrire dans la même perspective réelle. Le paradoxe est néanmoins à relever : ce sont bien les États-Unis qui, au sortir du second conflit mondial, ont mis en place un système international au frontispice duquel « trônent » le multilatéralisme et les organisations internationales, avec la création des Nations unies le 24 octobre 1945 à San Francisco. Et dans le sillage de la Conférence monétaire et fiscale de *Bretton Woods* de juillet 1944, il sera mis en place le Fonds monétaire internationale (FMI) et la Banque mondiale le 27 décembre 1945. Prolongement de leur vision multilatérale du système international, les États-Unis seront à l'origine de la création de l'Accord général sur les tarifs douaniers et le commerce (GATT), le 30 octobre

1947. La contribution des États-Unis à l'ordonnancement du système international s'est poursuivie avec la mise en place de l'Organisation mondiale du commerce (OMC) le 1er janvier 1995[88]. Heureuse nouvelle pour le continent africain, la direction générale de l'organe régulateur du commerce international est occupée aujourd'hui par la Nigériane Ngozi Okonjo-Iweala.

C'est bien cette défiance vis-à-vis de la Cour pénale internationale qui devait conduire les États-Unis à édicter, le 2 août 2002, l'*American Service-Members Protection Act of 2002* (ASPA). Cette loi est en elle-même une immunité accordée aux soldats américains déployés à l'étranger, précisément parce qu'elle soustrait de la compétence de la Cour pénale internationale tout ressortissant américain ou tout étranger établi aux États-Unis. Cette loi conditionne, par ailleurs, toute participation américaine aux Opérations de maintien de la paix (OMP) au vote d'une résolution du Conseil de sécurité garantissant une immunité aux forces américaines, particulièrement en l'absence de tout accord bilatéral entre les États-Unis et le pays d'accueil de cette opération de maintien de la paix ou si la compétence de la Cour pénale internationale s'y exerce.

C'est bien dans cette perspective réelle de *méfiance/défiance* vis-à-vis de la Cour pénale internationale que le président Trump a autorisé « des sanctions économiques contre les responsables de la Cour pénale internationale qui prendraient part directement à tout effort pour enquêter sur des militaires américains ou pour les inculper, sans le consentement des États-Unis ». Dans les faits, *le principe de complémentarité* guidant l'action de la Cour pénale internationale, la probabilité

---

[88] B. Okiemy, *L'OMC : une ingénierie juridique et commerciale à reconfigurer*, L'Harmattan, Logique juridique, 2019, 217 p.

qu'un ressortissant américain soit justiciable de la Cour est purement une hypothèse juridique qui est quasiment de l'ordre de la fiction. En effet, le Préambule du Statut de Rome de la Cour pénale internationale, en son point six, rappelle « qu'il est du devoir de chaque État de soumettre à sa juridiction criminelle les responsables des crimes internationaux ». Il en est ainsi précisément parce que « la Cour pénale internationale [...] est complémentaire des juridictions pénales nationales », comme le fait remarquer le même Préambule en son point dix. Il en ressort que ce sont bien les États qui sont en premier investis de la mission de « mettre un terme à l'impunité des auteurs des crimes qui menacent la paix, la sécurité et le bien-être du monde ». En d'autres termes, les « États parties au traité ne sont donc nullement dépossédés de leur pouvoir pénal[89] ». Le pouvoir d'enquête et de poursuite des juridictions nationales est pleinement préservé. C'est en ce sens que l'Article 18 du Statut de Rome de la Cour pénale internationale précise que « lorsqu'une situation a été déférée à la Cour [...] et que le Procureur a déterminé qu'il y aurait une base raisonnable pour ouvrir une enquête, ou lorsque le Procureur a ouvert une enquête [...] le Procureur le notifie à tous les États qui auraient normalement compétence à l'égard des crimes dont il s'agit ».

On notera que la compétence de droit commun des États à réprimer les crimes les plus graves qui touchent l'ensemble de la communauté internationale souffre de quelques limites : à la lumière de l'Article 18, paragraphe 2, la Chambre préliminaire peut autoriser le procureur « à faire enquête lui-même », malgré le fait qu'il ait « ouvert une enquête sur ses ressortissants ou d'autres personnes sous sa juridiction ». En outre, il ressort du paragraphe 3 de l'Article 18 du Statut de Rome de la Cour

[89] R. Maison, Justice pénale internationale, PUF, 2017, p. 98.

pénale internationale que le sursis à enquêter dont bénéficie un État de la part de la Cour « peut être réexaminé par le procureur six mois après avoir été décidé, en raison d'un changement notable de circonstance découlant du manque de volonté ou de l'incapacité de l'État de mener véritablement à bien l'enquête ». Par ailleurs, la Cour pénale internationale peut elle-même se saisir d'une affaire en cas de manque de volonté d'un État[90] ou en cas d'incapacité d'un État[91]. On relèvera que, dépassant le principe *ne bis in idem*[92], la Cour pénale

---

[90] L'Article 17, paragraphe 2, du Statut de Rome de la CPI dispose à cet effet que « pour déterminer s'il y a manque de volonté de l'État dans un cas d'espèce, la Cour considère l'existence, eu égard aux garanties d'un procès équitable reconnues par le droit international, de l'une ou de plusieurs des circonstances suivantes : a) la procédure a été ou est engagée ou la décision de l'État a été prise dans le dessein de soustraire la personne concernée à sa responsabilité pénale pour les crimes relevant de la compétence de la Cour visés à l'Article 5 ; b) la procédure a subi un retard injustifié qui, dans les circonstances, est incompatible avec l'intention de traduire en justice la personne concernée ; c) la procédure n'a pas été ou n'est pas menée de manière indépendante ou impartiale mais d'une manière qui, dans les circonstances, est incompatible avec l'intention de traduire en justice la personne concernée ».

[91] L'Article 17, paragraphe 3, précise en ce sens que « pour déterminer s'il y a incapacité de l'État dans un cas d'espèce, la Cour considère si l'État est incapable, en raison de l'effondrement de la totalité ou d'une partie substantielle de son appareil judiciaire ou de l'indisponibilité de celui-ci, de se saisir de l'accusé, de réunir les éléments de preuve et de témoignages nécessaires ou de mener autrement à bien la procédure ». Dans l'affaire Saif al-Islam Kadhafi, la Cour pénale internationale va s'estimer compétente, alors même que les nouvelles autorités libyennes entendaient engager sa responsabilité pénale, au motif que la « fragilité » de l'État libyen ne lui permettait pas de recueillir les témoignages nécessaires et ne garantissait en rien la bonne défense de l'accusé. Voir, CPI, Chambre préliminaire I, 31 mai 2013, par 215 ; cette décision a été confirmée en appel le 21 mai 2014.

[92] J. Ortolan, *Non bis in idem*, in Élément de droit pénal, 3e éd., Tome II, Plon, 1864, par 1775.

internationale, à l'aune de l'Article 20, paragraphe 3, peut de nouveau juger « quiconque a été jugé par une autre juridiction », s'il se révèle que la procédure y « avait pour but de soustraire la personne concernée à sa responsabilité pénale pour des crimes relevant de la compétence de la Cour » ou si la procédure n'a pas été « menée de manière indépendante ou impartiale, dans le respect des garanties d'un procès équitable ». Et c'est tout naturellement, à la lumière de cette *méfiance/défiance* vis-à-vis de la Cour pénale internationale que l'administration Trump a restreint les possibilités de visas pour les responsables de la Cour pénale internationale. La décision la plus emblématique a été la révocation du visa de la procureure de la CPI, madame Fatou Bensouda, sans oublier le gel de ses avoirs aux États-Unis, si jamais elle en avait. Il est vrai qu'elle avait eu *« l'outrecuidance »* d'engager une procédure d'enquête sur les « crimes présumés commis sur le territoire de l'Afghanistan depuis la période du 1er mai 2003 ».

Le 12 février 2021, à l'occasion de la 19e session de l'Assemblée des États parties au Statut de Rome, Karim Khan, ressortissant britannique, a été élu au scrutin secret procureur de la Cour pénale internationale. Il a été élu pour un mandat de neuf ans. Il prend la succession de la Gambienne Fatou Bensouda qui avait débuté sa mission en 2011. Karim Khan a pris officiellement ses fonctions le 16 juin 2021. Les relations entre l'Afrique et la Cour pénale internationale, entre cette dernière et quelques grandes puissances, devraient, en principe, bénéficier d'une dynamique nouvelle. Le lien de confiance mis à mal sous les mandats de Luis Moreno Ocampo particulièrement et de Fatou Bensouda, en partie, devrait à nouveau résonner d'un son plus apaisant. Le nouveau procureur, Karim Khan, semble connaître le continent. Il a pu défendre devant la Cour pénale internationale les intérêts de l'ancien vice-président du Kenya, SEM William Ruto, du Congolais Jean-Pierre Bemba Gombo et de Saïf al-Islam, le fils de l'ancien dirigeant libyen, Mouammar Kadhafi. Il a par ailleurs été le conseil de l'ancien président libérien, SEM Charles Taylor. Il a en outre exercé ses talents d'avocat au sein de plusieurs juridictions pénales internationales : qu'il s'agisse du Tribunal pénal international pour le Rwanda (TPIR), du Tribunal pénal international pour l'ex-Yougoslavie (TPIY) ou du Tribunal spécial pour la Sierra Leone (TPSSL).

Au-delà même de cette méfiance vis-à-vis de l'action de la Cour pénale internationale, il convient de garder à l'esprit qu'elle s'est déployée au nom de la Communauté internationale, ce qui traduit en réalité la volonté des rédacteurs du Statut de Rome de la CPI d'exorciser « le mal » qui se manifestait partout sur la planète en raison de différentes atteintes aux droits de l'homme, le génocide des Tutsis au Rwanda étant un exemple malheureusement emblématique. Cela dit, même si la juridiction pénale internationale a pu proposer des paradigmes innovants de résolution de la conflictualité à l'œuvre dans le système international, sur le fondement du principe d'inclusion et d'égalité, pour amener les principaux acteurs des relations internationales à écrire une histoire commune, c'est bien sur la base d'un dialogue réactualisé entre la Cour pénale internationale et les différents États que l'on pourra surmonter les conflits d'action qui minent encore le déploiement de la justice pénale internationale. Pour ces mêmes rédacteurs, il s'agissait, une nouvelle fois, après l'édiction de la Charte des Nations unies le 26 juin 1945, à San Francisco, de renforcer véritablement les bases d'une communauté internationale fondée sur la solidarité entre les États et entre les peuples. La valorisation de cet objectif ne pouvait faire l'impasse sur une coopération internationale renforcée en matière de justice pénale internationale. La paix et la coopération forment l'ossature de l'action de la Cour pénale internationale, ce qui n'est en rien une atteinte à la souveraineté des États. Même si Max Hubert, en sa sentence arbitrale du 4 avril 1928 sur l'*Affaire de l'île de Palmas*, a pu soutenir que la souveraineté dans les relations internationales emporte l'indépendance des États, on notera qu'en usant de son droit souverain il peut se soumettre à des règles de droit international qui lui sont supérieures : le principal est que les bornes apportées à l'exercice de sa souveraineté ne soient pas contraires à l'autonomie de sa volonté. Dans l'*Affaire du Lotus*, le juge a pu dire : « le droit international régit les rapports entre les États indépendants. Les règles de droit liant les États procèdent donc de la volonté de ceux-ci, volonté manifestée dans des conventions ou dans des usages acceptés généralement comme consacrant des principes de droit et établis en vue de régler la coexistence de ces communautés indépendantes ou en vue de la poursuite de buts communs. Les limitations de l'indépendance des États ne se présument pas[93] ». Si le droit international constitue la base de l'ordre juridique international, celui-ci suppose que le comportement de ses sujets soit dicté par le respect de ses normes et qu'ils en subissent des conséquences en cas de violation. L'ordre juridique international est donc fondé sur ce principe d'indépendance qui n'ouvre pas droit à une liberté d'action illimitée au profit des États. Bien au contraire, ils doivent se déployer dans le respect des droits des autres États. Le droit international est de la sorte, en lui-même et par lui-même, élevé au rang de modalité d'action, de morale pratique des acteurs du système international.

[93] CPJI, Affaire du Lotus, France/Turquie, 7 septembre 1927, Rec. CPJI, Série A, n° 10, p. 18.

On mesure de la sorte que la Cour pénale internationale oscille entre sa vocation à faire éclore une réelle Communauté des Nations fondée sur l'idéal de justice et son souci de ne pas se mettre en porte à faux avec l'autonomie de la volonté des principaux acteurs du système international. Cet idéal de justice n'est pas sans apostropher une exigence fondamentale, celle relative à la légitimité démocratique des gouvernants. Elle tire son ancrage de l'Article 21 de la Déclaration universelle des droits de l'homme de 1948 qui dispose que « la volonté du peuple est le fondement de l'autorité des pouvoirs publics ». Dans le même sens, le Pacte international relatif aux droits civils et politiques du 16 décembre 1976 énonce en son Article 25 le droit de tout citoyen de « prendre part à la direction des affaires publiques, soit directement, soit par l'intermédiaire de représentants librement choisis, de voter et d'être élu, au cours d'élections périodiques, honnêtes et égales et au scrutin secret, assurant l'expression libre de la volonté des électeurs et d'accéder, dans des conditions générales d'égalité, aux fonctions publiques de son pays ». La « Déclaration du Millénaire », adoptée le 8 septembre 2000, traçait la même courbe en faisant de la démocratie et de l'État de droit une priorité cardinale. En réalité, il ne s'est formé aucune coutume qui ait sanctifié la démocratie comme seule forme de gouvernement. À chaque pays d'inscrire dans ses institutions la marque de sa personnalité, de ses traditions, de son histoire. La diversité caractérisera encore longtemps l'espace mondial. D'une façon ou d'une autre en revanche, le recours au suffrage universel est incontournable et, arbitre de tous les conflits, c'est lui qui constitue l'essence commune de tous les systèmes se prévalant du pouvoir du peuple et de la protection des droits de l'homme. À cet égard, la première valeur de la démocratie est l'homme lui-même : elle repose finalement sur le pari que c'est un être raisonnable, ce que l'histoire n'a pas toujours prouvé. Les démocraties les plus vivantes ne se développent pas dans une sorte d'abstraction faisant des idées par elles-mêmes les garantes d'un ordre favorable aux citoyens. ***Elles s'appuient, au contraire, sur leurs traditions et l'humanisme qui les inspire.***

La Cour pénale internationale est habitée de fait par la hantise de sa finalité : mettre fin à l'impunité des crimes les plus graves qui menacent la paix, la sécurité et le bien-être du monde. Or, l'atteinte de cet objectif est en réalité fonction de la coopération des États parties au Statut de Rome de la Cour pénale internationale, puisque l'accomplissement de mesures préalables (enquête, recherche de témoins... élément de preuve) nécessite leur consentement, même s'il peut en être autrement lorsque, sur la base d'une résolution, le Conseil de sécurité des Nations unies saisit la Cour d'une violation grave des droits de l'homme. C'est la raison pour laquelle l'Article 86 du Statut de Rome fait peser sur les États parties une obligation générale de coopération en des termes suivants : « [...] les États parties coopèrent pleinement avec la Cour dans les enquêtes et poursuites qu'elle mène pour les crimes relevant de sa compétence ». Cette obligation générale de coopération prend, par ailleurs, appui sur l'Article 26 de la Convention de Vienne sur le droit des traités qui précise que tout traité en vigueur lie les parties et doit être exécuté par elles de bonne foi.

Cette obligation de coopération ne peut en fait s'exprimer que si chaque État partie « adapte sa législation nationale, lorsque cela est jugé nécessaire, en prévoyant les mesures qui permettront d'éviter la multiplication des motifs de refus fondés sur le droit interne[94] ». En somme, l'absence de législation de transposition peut diminuer la

[94] J. Fernandez, X. Pacreau, *op. cit.*, p. 1794.

portée de cette obligation de coopération avec le tempérament résultant de l'Article 27 de la Convention de Vienne sur le droit des traités selon lequel « une partie ne peut invoquer les dispositions de son droit interne comme justifiant de la non-exécution d'un traité[95] ». Dans le but de mettre la Cour pénale internationale à l'abri de tout *« risque de paralysie »*, en raison du retrait d'un État partie, cette obligation de coopération a été renforcée à l'Article 127-2 du Statut de Rome de Cour pénale internationale qui dispose que le retrait « ne dégage pas l'État des obligations mises à sa charge par le Statut alors qu'il y était partie, y compris les obligations financières encourues, et n'affecte pas non plus *la coopération* établie avec la Cour à l'occasion des enquêtes et procédures pénales à l'égard desquelles il avait le devoir de coopérer et qui ont été commencées avant la date à laquelle le retrait a pris effet ».

Si l'obligation de coopération est un principe largement admis, les États parties au Statut de Rome peuvent s'en départir à raison des obligations qui sont les leurs en vertu des immunités de juridiction reconnues aux États en droit international, à moins d'obtenir au préalable la coopération de cet État tiers en vue de la levée de l'immunité[96]. Toutefois, la Cour refuse toute invocation de

---

[95] Voir en ce sens, TPIY, Le procureur/Blaskic, Décision relative à la requête de la défense présentée conformément à l'Article 64 du règlement de procédure et de preuve, affaire n° IT-95-14, 3 avril 1996, para 7.

[96] L'Article 98-1 du Statut de Rome de la CPI dispose en ce sens que « la Cour ne peut poursuivre l'exécution d'une demande de remise ou d'assistance qui contraindrait l'État requis à agir de façon incompatible avec les obligations qui lui incombent en droit international en matière d'immunité des États ou d'immunité diplomatique d'une personne ou des biens d'un État tiers, à moins d'obtenir au préalable la coopération de cet État tiers en vue de la levée de l'immunité ».

l'Article 98-1 du Statut de Rome aux fins de justifier un refus de coopération. Elle a pu dire « qu'en droit international, l'immunité des chefs d'État, qu'ils soient ou non en exercice, ne peut être invoquée pour s'opposer à des poursuites menées par une juridiction internationale. Ce principe s'applique de la même manière aux chefs d'État non parties au Statut, qu'ils soient ou non en exercice, dès lors que la Cour peut exercer sa compétence... la Chambre considère que l'engagement pris par la Communauté internationale de ne pas appliquer les immunités lorsque des juridictions internationales demandent l'arrestation de quiconque pour des crimes internationaux a atteint un point critique[97] ». C'est bien dans cette perspective réelle que l'Article 27-2 du statut de Rome[98] nie à tout État partie la possibilité de se draper derrière les immunités attachées à la qualité officielle pour empêcher la Cour d'exercer sa compétence à l'égard de cette personne. La violation de cette obligation générale de coopération qui pèse sur les États peut conduire la Cour pénale internationale à « dresser un constat de non-coopération » ; s'en référer alors à l'Assemblée des États parties et au Conseil de sécurité[99] dans le cas où elle a été saisie par le « gouvernement mondial ».

---

[97] CPI, Situation au Darfour, Le procureur/Omar Hassan Al-Bashir, Chambre préliminaire I, Décision rendue en application de l'Article 87-7 du Statut de Rome concernant le refus de la République du Tchad d'accéder aux demandes de coopération délivrées par la Cour concernant l'arrestation et la remise d'Omar Al-Bashir, 13 décembre 2011, ICC-02/05-01/09.

[98] Cet article dispose que « les immunités ou règles de procédure spéciales qui peuvent s'attacher à la qualité officielle d'une personne, en vertu du droit interne ou du droit international, n'empêchent pas la Cour d'exercer sa compétence à l'égard de cette personne ».

[99] CPI, Le procureur/Omar Hassan Al-Bashir, Décision informant le Conseil de sécurité de l'Organisation des Nations unies et

Après bien des procès où la justiciabilité des Africains a semblé constituer l'ossature de l'action pénale de la Cour, un vent de contestation de la justice pénale internationale s'est en partie levé sur le continent. Il soulève indubitablement et une nouvelle fois la problématique de l'universalité de la projection pénale de l'action de la Cour pénale internationale.

B. L'universalité de la CPI mise sous tension par les velléités de retrait des États africains

Il s'est mis en place, en Afrique, une structure de conflit où se mêlent des enjeux militaires, politiques de sécurité, miniers et financiers avec une géopolitique africaine sans cesse remaniée ou émerge néanmoins des pôles de puissances. Ces conflits ont été dans l'ensemble saisis par le nouvel ordre juridique pénal international, ce qui ne s'est pas fait sans apostropher les subjectivités africaines avec, en filigrane, un refus feutré et par la suite ouvert de coopérer avec la Cour pénale internationale puisque l'Union africaine en viendra à brandir le retrait de ses États du Statut de la Cour. Le Rubicon sera d'ailleurs franchi par quelques États : Afrique du Sud et Burundi.

De mars 2003 au 14 juillet 2008, le Darfour « brûle ». Il y sévit alors un conflit armé ne présentant pas un caractère international qui oppose le gouvernement soudanais à quelques groupes insurgés, en particulier le Mouvement/Armée de libération du Soudan (M/ ALS) et le Mouvement pour la justice et l'égalité (MJE). Dans le but de mettre fin à cette insurrection, Khartoum, avec l'appui des milices *janjaouid*, allait y lancer de vastes et

l'Assemblée des États parties au Statut de Rome de la récente visite d'Omar Al-Bashir à Djibouti, 12 mai 2011, ICC-02/05-01/09.

larges opérations militaires qui n'étaient pas sans menacer l'existence même des groupes ethniques *Four*, *Massalit* et *Zaghawa*. En effet, cette campagne anti-insurrectionnelle aurait donné lieu à la commission de crimes contre l'humanité, de crimes de guerre et de génocide. La Communauté internationale n'allait pas rester sans réagir. C'est en ce sens qu'une Commission internationale sur le Darfour sera mise en place, sur le fondement de la résolution 1564 du Conseil de sécurité, sous l'autorité de Kofi Annan, ancien secrétaire général des Nations unies. En son rapport de janvier 2005, il concluait à la commission de crimes contre l'humanité et des crimes de guerre au Darfour. Et c'est tout naturellement qu'en sa résolution 1593 du 31 mars 2005, le Conseil de sécurité sur le fondement du chapitre VII de la Charte des Nations unies allait déférer au procureur de la Cour pénale internationale la situation qui sévissait au Darfour depuis le 1er juillet 2002, au motif qu'elle était constitutive d'une menace à la paix et à la sécurité internationale. Le directoire politique international se fondait pour cela sur l'Article 13, b) du statut de Rome qui ouvre la voie à l'exercice de la compétence de la Cour pénale internationale « si une situation dans laquelle un ou plusieurs de ces crimes paraissent avoir été commis est déférée au procureur par le Conseil de sécurité agissant en vertu du chapitre VII de la Charte des Nations unies ». Il ne pouvait en être autrement, précisément parce qu'à l'Article 13, a) ou c) la Cour pénale internationale n'est appelée à exprimer la plénitude de ses compétences qu'à la condition que l'un des États ou les deux soient parties au Statut de Rome, le Soudan ne l'étant pas, ou aient exprimé, par une déclaration expresse déposée au greffe de la Cour, leur volonté portant acceptation de sa compétence.

Le 4 mars 2009, la Chambre préliminaire I délivrait un mandat d'arrêt à l'encontre d'Omar Al-Bashir, alors président de la République du Soudan, pour des crimes de guerre et des crimes contre l'humanité perpétrés au Darfour[100]. Le 12 juillet 2010, un second mandat d'arrêt était délivré par la Chambre préliminaire I, à raison de la charge de génocide. En sa qualité de président et de commandant en chef des forces armées soudanaises, Omar Al-Bashir aurait coordonné l'exécution du plan portant *« anéantissement »* des insurgés du Darfour, avec l'intention spécifique de détruire, en partie, les groupes ethniques cités plus haut. C'était la première fois qu'un chef d'État africain en exercice était mis en accusation devant une juridiction pénale internationale, ce qui devait susciter une grande émotion sur le continent. Il en était ainsi d'autant plus que « les États africains ont adhéré à cette dynamique globale avec enthousiasme et qu'ils croyaient à l'avènement d'un mécanisme international qui, sans doute pour la première fois, réserverait un même traitement à tout le monde[101] ». Une question était alors sur « toutes les lèvres » : la justice pénale internationale est-elle à géométrie variable ? Comment peut-elle se focaliser particulièrement sur le continent africain, alors même qu'il est d'autres aires géographiques qui connaissent des atteintes aux droits de l'homme, sans pour autant que cela se traduise par une quelconque justiciabilité des ennemis du genre humain qui y sévissent ? Et Maurice Kamto de saisir ce doute devenu hyperbolique de la manière suivante : « après tout, les justiciables potentiels de cette juridiction mondiale postulée impartiale n'étaient-ils pas censés provenir de

[100] CPI, Affaire le procureur/Omar Al-Bashir, Mandat d'arrêt à l'encontre d'Omar Al-Bashir, Chambre préliminaire I, 4 mars 2009, ICC-02/05-01/09.

[101] M. Kamto, *op. cit.*, p. 147.

tous les pays et de toutes les régions du monde, qu'ils fussent riches ou pauvres et quelle que fût leur position dans la structure et la hiérarchie du pouvoir dans leur pays[102] ? » C'est donc ce découplage entre le désir et la réalité qui allait conduire, en 2016, quelques pays africains, Afrique du Sud en tête, à évoquer leur retrait de la Cour pénale internationale (CPI).

Un retour en arrière s'impose pour bien saisir cette tentation de rétractation. Le 3 février 2009, en sa XIIe session ordinaire, la Conférence de l'Union africaine faisait valoir sa profonde préoccupation pour ce qui concerne la mise en accusation de l'ancien président soudanais, Omar Al-Bashir[103]. Aux dires de l'Institution continentale, cette démarche risquait de « compromettre sérieusement les efforts en cours visant à faciliter le règlement rapide du conflit au Darfour ». Elle demandait subséquemment au Conseil de sécurité, par le biais d'une résolution adressée à la Cour pénale internationale, un sursis de poursuivre de l'ancien président Omar Al-Bashir[104], sans résultat probant. Et la conséquence a été un refus de coopérer avec la Cour pénale internationale pour ce qui concerne l'arrestation de l'ancien président Omar Al-Bashir. En sa XIVe session, à Addis-Abeba, le 2 février 2010, la Conférence de l'Union africaine appelait les États

---

[102] *Idem*, p. 147.

[103] Conférence de l'UA, XIIe session ordinaire, 1er-3 février 2009, Addis-Abeba, Décision sur la demande par le procureur de la CPI de la mise en accusation du président de la République du Soudan, doc.Assembly/AU/Dec.221(XII), para 1.

[104] Ce sursis à poursuivre se fondait sur l'Article 16 du Statut de Rome de la CPI qui dispose « qu'aucune enquête ni aucune poursuite ne peuvent être engagées ni menées en vertu du présent statut pendant les douze mois qui suivent la date à laquelle le Conseil de sécurité a fait une demande en ce sens à la Cour dans une résolution adoptée en vertu du chapitre VII de la Charte des Nations unies ; la demande peut être renouvelée par le Conseil dans les mêmes conditions ».

du continent, parties au Statut de Rome, à « soulever la question de l'immunité des représentants d'États non parties au Statut de Rome ». La question était d'autant plus saillante que le Soudan n'y avait pas souscrit et son président se voyait mis à l'index par la Cour pénale internationale. En réalité, l'Institution continentale n'entendait nullement se poser en garant d'une quelconque impunité. Il s'agissait en la circonstance pour elle d'apostropher la Communauté internationale sur un « glissement de la CPI d'une juridiction pénale universelle vers une Cour africaine *ratione personae* ». C'est tout naturellement que le président de la Commission de l'Union africaine, Jean Ping, pouvait soutenir, le 23 juillet 2010, que l'Afrique n'est « pas contre la Cour pénale internationale. Nous constituons une bonne majorité, mais nous disons que les jugements semblent y être des jugements à deux vitesses et un acharnement sur l'Afrique ». La position de l'Union africaine soulevait en profondeur la question de l'inviolabilité des chefs d'État.

Une conception classique et rigide des immunités, tirée de l'identification du souverain à l'État, aura longtemps, du fait même de la souveraineté des États, fait interdiction à un État de juger les actes d'un autre État. C'est en ce sens que la Cour d'appel d'Alger avait pu dire : « suivant un principe de droit international universellement admis, les souverains et les chefs d'État participent de l'indépendance de l'État dont ils sont les représentants ; que placés en quelque sorte au-dessus des lois de tout État étranger, ils ne peuvent être soumis à aucune juridiction autre que celle de leur propre nation[105] ». Cette position, qui portait en elle les germes d'une protection des criminels, allait connaître des évolutions conformes à

[105] CA d'Alger, 22 janvier 1914, Ben Aiad/Bey de Tunis, JDI, p. 1290.

l'obligation de protection des droits de l'homme. En 1919, le Traité de Versailles en son Article 227 devait admettre que la responsabilité pénale d'un souverain puisse être internationalement engagée. La mise en accusation de Guillaume II de Hohenzollern, ancien empereur d'Allemagne, pour « offense suprême contre la morale internationale et l'autorité sacrée des traités », s'était heurtée certes au refus des Pays-Bas de l'extrader, mais il n'en demeurait pas moins vrai que le Rubicon avait été franchi : l'exclusion implicite de toute entrave aux poursuites fondées sur l'immunité de l'accusé. Visant la même perspective réelle, traduire en justice tout ennemi du genre humain, le Statut du Tribunal militaire international de Nuremberg en son Article 7 disposait que « la situation officielle des accusés, soit comme chef d'État, soit comme hauts fonctionnaires ne sera considérée ni comme une excuse absolutoire, ni comme un motif de diminution de la peine ». L'Article 3 de la Convention sur l'élimination et la répression du crime d'Apartheid de 1973, à l'instar de l'Article 4 de la Convention pour la prévention et la répression du crime de génocide, allait asseoir ce principe de responsabilité pénale des gouvernants pour commission de crimes internationaux.

La fin de la guerre froide et avec elle l'humanité en souffrance aura permis une réorganisation de la répression des actes qui portent atteinte aux intérêts de la Communauté internationale, d'où le cheminement vers un nouvel ordre répressif international[106] porté par l'idée de mettre un terme à l'impunité des auteurs des crimes qui heurtent la conscience humaine. Il en est résulté la création par le Conseil de sécurité des Nations unies, agissant en vertu du chapitre VII de la Charte, du Tribunal pénal

[106] J. Verhoven, Vers un ordre répressif universel ? Quelques observations, AFDI, 1999, p. 55-71.

international pour l'ex-Yougoslavie (TPIY), œuvre de la résolution 808 du 22 février 1993, et du Tribunal pénal international pour le Rwanda (TPIR), fruit de la résolution 955 du 8 novembre 1994.

Sur la base de la législation belge sur la compétence universelle en date du 16 juin 1993 et par la suite sans cesse édulcorée, un juge d'instruction bruxellois avait émis, le 11 avril 2000, un mandat d'arrêt international par défaut à l'encontre de M. Abdoulaye Yérodia Ndombassi, alors ministre des Affaires étrangères de la République démocratique du Congo (RDC), au motif qu'il avait tenu certains discours, relayés par les médias en date des 4 et 27 août 1998, incitant à la haine raciale et qui se seraient soldés par une chasse aux Tutsis dans les rues de Kinshasa ; d'où la mort de plusieurs centaines de personnes, l'internement de Tutsis, des exécutions sommaires, des arrestations arbitraires et des procès injustes. Réfugiées en Belgique, les victimes y portèrent plainte, une instruction fut ouverte en 1998, débouchant sur le mandat d'arrêt précité. Le 17 octobre 2000, auprès du greffe de la Cour internationale de justice, fut déposée par la République démocratique du Congo contre le Royaume de Belgique, une requête introductive d'instance au motif que le défendeur avait méconnu l'immunité diplomatique du ministre des Affaires étrangères d'un État souverain découlant, entre autres, de l'Article 41, paragraphe 2 de la Convention de Vienne du 18 avril 1961 sur les relations diplomatiques qui dispose que « toutes les affaires officielles traitées avec l'État accréditaire, confiées à la mission par l'État accréditant, doivent être traitées avec le ministère des Affaires étrangères de l'État accréditaire ou par son intermédiaire, ou avec tel autre ministère dont il aura été convenu ». La Cour internationale de justice (CIJ), en son arrêt du 14 février 2002, affaire relative au mandat d'arrêt du 11 avril

2000[107], allait rappeler les fondements en droit international des immunités dont jouissent les chefs d'État et de gouvernement, de même que celles relatives aux ministres des Affaires étrangères, durant l'exercice de leurs fonctions. Concentrant ses conclusions au ministre des Affaires étrangères, le juge a pu dire au paragraphe 54 dudit arrêt que « les fonctions d'un ministre des Affaires étrangères sont telles que, pour toute la durée de sa charge, il bénéficie d'une immunité de juridiction pénale et d'une inviolabilité totale à l'étranger. Cette immunité et cette inviolabilité protègent l'intéressé contre tout acte d'autorité de la part d'un autre État qui ferait obstacle à l'exercice de ses fonctions ». Elle en vint à cette conclusion par analogie entre les fonctions exercées par le ministre des Affaires étrangères et les chefs d'État et de gouvernement : ils participent de l'indépendance de leurs Nations et sont identifiés à leurs pays.

Mis à l'index par bien des juridictions internationales, certains hauts responsables politiques ont entendu s'y opposer en invoquant leurs immunités de juridiction et d'exécution[108], sans y parvenir. Il en était ainsi des présidents Slobodan Milosevic[109] et Charles Taylor[110]. Il

---

[107] B. Okiemy, Immunités de juridiction pénale et inviolabilité à l'étranger d'un ministre des Affaires étrangères : quelques observations sur l'arrêt de la CIJ du 14 février 2002, Petites affiches, n° 137, 10 juillet 2002, p. 1-10.

[108] H. Ascensio, L'immunité du chef d'État devant les juridictions pénales internationales, AFDI, 2019, p. 395-413.

[109] W. St-Michel, Le procès Slobodan Milosevic : moins d'immunité pour plus d'impunité ? Un aperçu de l'héritage du premier acte d'accusation déposé contre un chef d'État en exercice, in V. Saint-James, P. Plas, *L'immunité*, Institut universitaire de Varenne, 2017, p. 163-172.

[110] A.-T. Lemasson, La condamnation de Charles Taylor en appel ou l'absence d'immunité confirmée pour tous les chefs d'État du monde, in V. Saint-James, P. Plas, *op. cit.*, p. 149-162.

est vrai que l'Article 7, paragraphe 2, du Statut du Tribunal pénal international pour l'ex-Yougoslavie et l'Article 6, paragraphe 2 du Statut du Tribunal pénal international pour le Rwanda prévoyaient que « la qualité officielle d'un accusé, soit comme chef d'État ou de gouvernement, soit comme haut fonctionnaire, ne l'exonère pas de sa responsabilité pénale et n'est pas un motif de diminution de la peine ». L'exception ainsi reconnue aux immunités fonctionnelles relève du droit international coutumier[111] et se révèle par ailleurs comme une circonstance aggravante. Cette disposition faisait écho à l'Article 27, paragraphe 2 du Statut de la Cour pénale internationale (CPI) qui dispose que : « les immunités ou règles de procédure spéciales qui peuvent s'attacher à la qualité officielle d'une personne, en vertu du droit interne ou du droit international, n'empêchent pas la Cour d'exercer sa compétence à l'égard de cette personne ». Cette règle générale porte en elle l'idée qu'en droit international, les immunités reconnues aux chefs d'État, en exercice ou pas, ne peuvent être invoquées pour s'opposer à des poursuites menées par une juridiction internationale. Dans le même souffle, il a été considéré qu'un chef d'État, son pays étant ou n'étant pas partie au Statut de Rome, en exercice ou pas, ne peut se couvrir de ses immunités pour s'affranchir de toutes poursuites dès lors que la Cour pénale internationale peut exercer sa compétence[112].

---

[111] Dans l'Affaire Furundzija, le juge a pu dire : « les individus sont personnellement responsables, quelles que soient leurs fonctions officielles, fussent-ils chefs d'État ou ministres. L'Article 7, paragraphe 2 du Statut du Tribunal pénal international pour le Rwanda est indiscutablement déclaratoire du droit international coutumier », TPIY, Le procureur/Furundzija, aff. n° IT-95-17/I-T Anto Furundzija, 10 décembre 1998, paragraphe 140.

[112] CPI, Affaire Al-Bashir, Chambre préliminaire I, 13 décembre 2011, para 36.

Cette lecture de la règle de droit international pénal est aujourd'hui, quelque peu, battue en brèche. En effet, se fondant sur le principe *res inter alios* (effet relatif des traités), la Chambre préliminaire de la Cour pénale internationale semble limiter l'exception à l'immunité de l'Article 27, paragraphe 2 du Statut de la Cour pénale internationale aux États parties[113]. La Cour internationale de justice (CIJ), en son arrêt du 3 février 2012, immunités juridictionnelles de l'État, semblait déjà avoir tracé la voie, en soutenant que les immunités reconnues aux chefs d'États non parties au traité de Rome représentent un obstacle procédural au déclenchement des poursuites par la Cour. Il en résulterait le fait que la Cour pénale internationale ne saurait engager la responsabilité pénale d'un chef d'État, alors même que son pays ne serait pas partie au traité de Rome. *Cette jurisprudence doit être tempérée* : en cas d'intervention du Conseil de sécurité, cette immunité qui semble se dessiner au profit des chefs d'États non parties au traité de Rome *« sauterait »*. La conséquence en est que : même en dehors de la Cour pénale internationale, on en reste justiciable avec l'idée que le Statut de Rome porte en lui la défense de normes impératives du *jus cogens*. En ce sens l'Article 53 de la Convention de Vienne sur le droit des traités de 1969 précise qu'« une norme du *jus cogens* est une norme impérative du droit international général acceptée et

---

[113] Voir en ce sens, CPI, Affaire Al-Bashir, Chambre préliminaire II, Décision relative à la coopération de la République démocratique du Congo, 9 avril 2014, ICC-02/05-01/09, para 26. Le juge pénal international a pu ainsi dire : « étant donné que celui-ci (le Statut de Rome de la CPI) est un traité multilatéral régi par les dispositions de la Convention de Vienne sur le droit des traités, il ne peut imposer d'obligations à des États tiers sans que ceux-ci n'y aient consenti. Par conséquent, l'exception à l'exercice par la Cour de sa compétence que prévoit l'Article 27-2 du Statut devrait, en principe, se limiter aux États parties qui ont accepté cette compétence ».

reconnue par la Communauté internationale des États dans son ensemble en tant que norme à laquelle aucune dérogation n'est permise et qui ne peut être modifiée que par une nouvelle norme de droit international général ayant le même caractère » : tous les États sont tenus au respect de ladite norme.

La contestation de cette réalité juridique par les Africains se nourrissait en réalité de l'idée que la Cour pénale internationale (CPI) était devenue une juridiction principalement destinée à les sanctionner, avec en arrière-plan une image subliminale qui ferait croire que les ennemis du genre humain se trouveraient uniquement sur le continent africain. Tirant les leçons de ce qui précède, l'ancien président guinéen, Alpha Condé, pouvait défendre l'idée selon laquelle « les Africains soient jugés en Afrique par notre propre Cour pénale » et sans que cela devienne une défense « en faveur de l'impunité ou contre les droits de l'homme[114] ». Ce sentiment, largement partagé sur le continent, n'était pas au final sans interroger le corpus juridique continental portant répression des atteintes graves aux droits de l'homme et au droit humanitaire.

C'est bien lors d'une Conférence de l'Union africaine, en juillet 2004, qu'il fut décidé de fusionner la Cour de justice de l'Union africaine (UA) avec la Cour africaine des droits de l'homme et des peuples[115]. Cette dernière institution ne faisait pas partie de l'ingénierie juridique qui avait débouché sur la création de l'Union africaine, rentrée en vigueur le 26 mai 2001[116]. Ses Statuts ont été formulés

---

[114] *Jeune Afrique*, n° 2963-2964, 22 octobre au 4 novembre 2017, p. 46.

[115] 3e session ordinaire de la conférence de l'Union africaine, 6-7 juillet 2004, Addis-Abeba, Assembly/AU/Dec 45 (III).

[116] S. Dujardin, L'Union africaine : un ordre juridique panafricain refondé par des États en quête de nations, thèse de droit, Paris I,

à l'occasion du Sommet de Ouagadougou, en juin 1998, et seront effectifs en janvier 2004[117]. De cette fusion doit naître la Cour africaine de justice et des droits de l'homme[118]. L'Article 28 du Statut de cette Cour lui reconnaît une compétence très large, puisque « la compétence de la Cour s'étend à toutes les affaires et à tous les différends d'ordre juridique qui lui seront soumis conformément au [...] Statut ». La Cour peut être saisie de huit catégories de différends[119]. Il s'agit, *en premier lieu*, de « l'interprétation et l'application de l'Acte constitutif ». Il s'agit, *en second lieu*, de « l'interprétation, l'application ou la validité des autres traités de l'union et de tous les instruments juridiques dérivés adoptés dans le cadre de l'union ou de l'organisation de l'unité africaine ». Il s'agit, *en troisième lieu*, des différends relatifs aux droits de l'homme. Il s'agit, *en quatrième lieu*, de « toute question de droit international ». Il s'agit, *en cinquième lieu*, de « tous actes, décisions, règlements et directives des organes de l'Union ». Il s'agit, *en sixième lieu*, de « toutes questions prévues dans tout autre accord que les États parties pourraient conclure entre eux, ou avec l'Union et qui donne compétence à la Cour ». Il s'agit, *en septième lieu*, de « l'existence de tout fait qui, s'il est établi, constituerait la violation d'une obligation envers un État

---

30 mars 2007 ; A. Yusuf, F. Ouguergouz, *L'Union africaine : cadre juridique et institutionnel*, A. Pedone, 2013, 491 p.

[117] Voir le protocole relatif à la Charte africaine des droits de l'homme et des peuples, adopté par la 34e session ordinaire de l'Assemblée des chefs d'État et de gouvernement, 8-10 juin 1998, Ouagadougou, Burkina Faso.

[118] T. Barsac, *La Cour africaine de justice et des droits de l'homme*, Perspectives internationales, n° 32, A. Pedone, 2012, 132 p. Voir, par ailleurs, le protocole portant Statut de la Cour africaine de justice et des droits de l'homme, adopté à l'occasion de la 11e session ordinaire de la conférence de l'UA à Sharm El-Sheikh, Égypte, 1er juillet 2008.

[119] T. Barsac, *op. cit.*, p. 77-82.

partie ou l'Union ». Il s'agit, *en huitième lieu*, de « la nature ou l'étendue de la réparation due pour la rupture d'un engagement international ».

Si au titre des personnes admises à ester devant la Cour africaine de justice et des droits de l'homme figurent les États parties à son Statut, la Conférence en sa qualité d'organe suprême de l'Union africaine ou le Parlement panafricain, on doit néanmoins regretter l'impossibilité pour les tierces parties de la saisir ; même si on se félicitera du droit offert aux institutions nationales de défense des droits de l'homme de la saisir.

En réalité, la Cour africaine de justice et des droits de l'homme ne détient, à proprement parler, aucune compétence en matière pénale. On admettra qu'elle puisse exercer une telle compétence, du fait que sa compétence « s'étend à toutes les affaires et à tous les différends d'ordre juridique qui lui sont soumis ». Cela dit, la refondation de l'ordre juridique panafricain, telle que souhaitée par les contempteurs de la Cour pénale internationale, nécessiterait que la Cour africaine de justice et des droits de l'homme soit augmentée d'une compétence pénale. Et le président Alpha Condé, alors président en exercice de l'Union africaine, de déclarer que « si nous sommes opposés aux ingérences étrangères, nous devons rendre opérationnelle la Cour africaine de justice[120] ». L'établissement d'un système pénal panafricain demeure une demande forte des peuples, le but étant de réprimer les violations graves des droits de l'homme et du droit humanitaire sur le sol africain.

La méfiance/défiance affichée par certaines grandes puissances vis-à-vis de la Cour pénale internationale et les velléités de retrait de certains pays africains du Statut de Rome invitent en fait à l'écriture d'un nouveau *contrat de*

---

[120] *Jeune Afrique*, *loc. cit.*, p. 46.

civilisation, dans son acception de mécanisme d'évaluation du comportement des États sur l'échiquier international. Il doit être le résultat d'une meilleure fécondation réciproque en répondant à l'interdépendance croissante des activités humaines de notre temps. Il doit permettre de transcender ces comportements à géométrie variable qui à la fin des fins minent l'action de la Communauté internationale. Ce standard de civilisation que nous évoquons n'est en rien, loin de là, une résurrection de celui qui a été déterminant dans la formation du droit international classique où les États occidentaux se définissaient comme des Nations civilisées par comparaison au reste du monde. Quoi qu'il en soit, sur l'échiquier congolais, l'acquittement de Jean-Pierre Bemba Gombo n'avait pas manqué de susciter des sentiments contradictoires, l'élection présidentielle du 30 décembre 2018 en République démocratique du Congo (RDC) focalisant tous les esprits et absorbant toutes les énergies : allait-il se porter candidat ? Le juge de l'élection congolais allait-il l'autoriser à concourir, alors même qu'il restait sous l'emprise d'une condamnation pour subornation de témoins par le juge pénal international ? *De facto*, son retour dans le jeu politique congolais relevait d'une équation à plusieurs inconnus.

III.

La justice pénale internationale et le blanc-seing donné au retour de Jean-Pierre Bemba Gombo dans le jeu politique congolais

La date du 1er août 2018 est à marquer d'une pierre blanche dans l'histoire politique de la République démocratique du Congo (RDC). Elle marque en effet le retour au pays d'un acteur politique majeur de la scène politique congolaise. À cette occasion, une foule immense s'est déplacée pour accueillir Jean-Pierre Bemba Gombo à l'aéroport international de Kinshasa. La population *kinoise* voit en lui une alternative au régime de Joseph Kabila. La marée humaine qui serpente à travers les rues de Kinshasa fait l'objet de toutes les interrogations : elles portent principalement sur la reconfiguration en perspective du politique en République démocratique du Congo, en raison de l'adhésion populaire dont semble bénéficier encore le leader charismatique du Mouvement de libération du Congo (MLC), et ceci en dépit de bien des années de détention à La Haye. Et pour les observateurs de la scène politique congolaise, il ne fait alors aucun doute que Jean-Pierre Bemba Gombo entend capitaliser cette ferveur populaire pour se présenter à l'élection présidentielle de 2018, avec la profonde conviction que le destin congolais doit se régénérer (A), au passage par une centralité de son courant politique dans la vie politique congolaise (B).

A. Exégèse sur une reconfiguration du politique en République démocratique du Congo

La République démocratique du Congo compte plusieurs partis politiques. En 2018, la Commission nationale électorale indépendante (CENI), institution en charge d'organiser les élections, recensait officiellement 602 partis et 71 regroupements politiques[121]. Ils se déclinent principalement de la manière suivante : le Parti du peuple pour la reconstruction et la démocratie (PPRD), créé le 31 mars 2002 par Joseph Kabila, ancien président de la République ; l'Union pour la démocratie et le progrès social (UDPS), créée sous le règne du parti unique – Mouvement populaire de la révolution (MPR) du maréchal Mobutu, le 15 février 1982, dont le premier président fut Kibassa Maliba, mais ce parti s'incarnera en la personne d'Étienne Tshisekedi Mulumba, ceci jusqu'à la fin de sa vie en février 2017 ; le Mouvement de libération du Congo (MLC), créé en 1998 par Jean-Pierre Bemba Gombo ; l'Union pour la nation congolaise (UNC) créée en 2010 par l'ancien président de l'Assemblée nationale et membre important du PPRD, Vital Kamerhe ; l'Engagement pour la citoyenneté et le développement (ECIDé), créé en mars 2009 par Martin Fayulu Madidi ; le Bundu Dia Mayala (BDM), créé en 2009 et officiellement reconnu en octobre 2015, sous le leadership de Muanda Nsemi.

La plupart de ces partis se sont regroupés en conglomérat politique, à la suite de dissidences ou de

[121] Commissariat général aux réfugiés et aux apatrides, « République démocratique du Congo. Situation politique », *Rapport*, 3 octobre 2019, p. 6.

transhumances. C'est donc tout naturellement que le processus électoral de 2016 à 2018 a donné naissance à plusieurs coalitions politiques. On peut de la sorte faire ressortir les dynamiques politiques suivantes :

– la Dynamique de l'opposition congolaise créée en 2015 avec en son sein le Mouvement de libération du Congo (MLC) de Jean-Pierre Bemba Gombo, l'Union pour la nation congolaise (UNC) de Vital Kamerhe, l'Engagement pour la citoyenneté et le développement (ECIDé) de Martin Fayulu, les Forces novatrices pour l'unité et la solidarité (FONUS) de Joseph Olenghankoy, l'Envol de Delly Sesanga, l'Alliance des travaillistes pour le développement (ATD) de José Makila ainsi que la Convention des démocrates rénovateurs (CDER) de Jean Lucien Bussa ;

– le G7 formé en 2015 par les membres issus de la mouvance présidentielle parmi lesquels le Mouvement social pour le renouveau (MSR) de Yves Mobanda et Pierre Lumbi, l'Alliance pour le renouveau du Congo (ARC) présidée par Olivier Kamitatu, le Parti démocrate chrétien (PDC) de José Endundo, l'Avenir du Congo (ACO) de Dany Banza, l'Union nationale des fédéralistes du Congo (UNAFEC) de Gabriel Kyungu, l'Union nationale des démocrates fédéralistes (UNADEF) de Charles Mwando, l'Alliance des démocrates pour le progrès-Mouvement de solidarité pour la démocratie et le développement(ASD-MSDD) de Christophe Lutundula. Cette plateforme allait par ailleurs désigner Moïse Katumbi en qualité de candidat à l'élection présidentielle ;

– le Rassemblement fondé en juin 2016 lors de la réunion politique de l'opposition à Genval

(Belgique), sous la coordination d'Étienne Tshisekedi. Ce nouveau regroupement politique réunissait l'UDPS et plusieurs autres formations politiques, au titre desquelles la Dynamique de l'opposition, le G7, le G14, le Front du peuple, la Majorité présidentielle populaire (MPP), l'Alternance pour la République (AR), la Convention des républicains ainsi que la société civile ;

– Ensemble (pour le changement) coordonné par Moïse Katumbi ;

– le Front commun pour le Congo (FCC) créé en juin 2018 sur initiative de l'ancien président de la République Joseph Kabila, en vue de préparer la présidentielle de 2018. Plusieurs personnalités signeront la Charte constitutive de ce regroupement politique de la majorité présidentielle. Emmanuel Shadari en sera le candidat à l'élection présidentielle ;

– l'Alliance des forces démocratiques du Congo et alliés (AFDC-A), mise en place en mars 2018 par dix-huit partis politiques, sur le fondement d'une initiative menée par l'AFDC de Modeste Bahati. Ce regroupement sera signataire de la Charte constitutive du FCC ;

– *Lamuka* mis en place en novembre 2018 par les principaux leaders de l'opposition politique, à savoir : Moïse Katumbi, Jean-Pierre Bemba Gombo, Adolphe Muzito, Martin Fayulu, Vital Kamerhe, Freddy Matungulu et Félix Tshisekedi Tshilombo. Martin Fayulu en sera le candidat à l'élection présidentielle. Une désignation qui ne sera pas de l'avis de Félix Tshisekedi Tshilombo et Vital Kamerhe, au motif que leurs bases électorales ne s'y reconnaissaient pas. On relèvera que Gabriel Kyungu Wa Kumwanza de l'UNAFEC quittera, quant à lui, ce conglomérat politique en février 2019. Il finira par se rallier au président de la République Félix Tshisekedi Tshilombo ;

– Cap pour le changement (CACH) créé le 23 novembre 2018 à Nairobi, au Kenya, par Félix Tshisekedi Tshilombo et Vital Kamerhe. Cette créativité politique et juridique débouchera sur la désignation de Félix Tshisekedi Tshilombo en qualité de candidat à l'élection présidentielle, Vital Kamerhe sera son directeur national de campagne avec la perspective d'être le futur chef du gouvernement en cas de victoire à la présidentielle. À côté de ces ensembles politiques, on assiste à l'émergence d'une société civile active en vue de jeter les bases d'une alternance démocratique en RDC. Parmi ces mouvements, on distingue : Lutte pour le changement (LUCHA), Filimbi, Engagement citoyen pour le changement (ECCHA), Vigilance citoyenne (VICI), Congolais debout, Compte à rebours.

Le retour de Jean-Pierre Bemba Gombo dans le jeu politique congolais, après onze ans de détention à La Haye, s'est concrétisé par son retour au Sénat où il est élu depuis 2006. Dès le départ, il s'était prononcé pour une candidature unique de l'opposition, la perspective visée étant d'accroître les chances de battre le candidat du parti au pouvoir. Et tout naturellement, il sera l'un des membres fondateurs du conglomérat politique *Lamuka* qui soutiendra l'ambition présidentielle de Martin Fayulu à l'élection présidentielle de décembre 2018. Le 10 janvier 2019, à 3 heures du matin, au terme d'un glissement électoral de deux ans, après bien des contestations, la Commission électorale indépendante (CENI) annonçait la victoire de Félix Tshisekedi Tshilombo avec 7 *051* 013 de suffrages exprimés, soit 38,57 %, devant Martin Fayulu et Emmanuel Shadary arrivés respectivement deuxième et troisième avec 6 366 732 voix, soit 34,83 %, et 4 357 359 voix, soit 23,84 %, selon les résultats proclamés par la CENI[122].

Les autres scrutins seront largement favorables au Front commun pour le Congo (FCC). En effet, à l'occasion du scrutin législatif du 30 décembre 2018, le FCC obtenait 341 sièges sur 485. La plateforme CACH, quant à elle, ne pouvait se prévaloir de plus de 47 sièges. La coalition *Lamuka* s'emparait de 112 sièges et devenait le second groupement parlementaire. Les élections législatives provinciales, bien que contestées par leur manque de transparence, allaient confirmer la domination du FCC sur le jeu politique congolais, avec le gain de vingt provinces sur vingt-quatre. De ce processus électoral intense, le FCC en sortira renforcé, malgré le fait d'avoir perdu la présidence de la République au profit de la coalition CACH de Vital Kamerhe et Félix Tshisekedi Tshilombo. Le CACH allait compter 49 députés nationaux et *Lamuka* 90 élus nationaux. Le FCC assurait la présidence de 24 assemblées provinciales et 23 gouvernorats. *Lamuka* dirigeait deux assemblées provinciales, tandis que le CACH n'en avait qu'une seule[123].

Au regard des résultats électoraux, la cohabitation ou la coalition devenait donc le mode de gestion politique et institutionnel en République démocratique du Congo, d'autant plus qu'à la lumière de la Constitution de février 2006, le Premier ministre est forcément issu de la

---

[122] *Jeune Afrique*, en ligne, 10 janvier 2019 ; M.-A. Lagrange, T. Vircoulon, RDC : le changement à pas feutrés, Notes de l'IFRI, mai 2020, p. 7.

[123] Commissariat général aux réfugiés et aux apatrides, « République démocratique du Congo. Situation politique », *op. cit.*, p. 18.

majorité parlementaire. Cela dit, dans le but d'éviter tout blocage, dès le départ, les deux conglomérats politiques (FCC-CACH) mettaient en exergue leur volonté de travailler ensemble, en signifiant au passage qu'ils travaillaient main dans la main dans le cadre d'une coalition et non pas d'une cohabitation. Pourtant, la cohabitation n'est en rien une figure politique inconnue en République démocratique du Congo[124]. Depuis l'indépendance en 1960, le pays a connu deux périodes de bipolarité de l'exécutif : la première entre Lumumba et Kasa-Vubu de 1960 à 1961 ; la seconde entre Mobutu et Étienne Tshisekedi. Ce dernier a été plusieurs fois nommé Premier ministre (1991, 1992-1993, 1997). L'histoire retiendra que cette figure politique renvoyant à l'imaginaire du *Dieu Janus* s'est soldée par des crises politiques, avec parfois des fins tragiques : le traumatisme de l'assassinat de Patrice Emery Lumumba reste encore vivace au-delà des frontières de la République démocratique du Congo et imprègne le subconscient africain, ceci au même titre que l'assassinat de Thomas Sankara.

La désignation de Félix Tshisekedi Tshilombo à la tête du pays a contribué à décrisper le climat politique congolais, même s'il est vrai que sur le terrain les attentes restent nombreuses[125] : insécurité (le nombre de déplacés avoisinerait les 5 millions de personnes), pauvreté (87 % de la population vivrait sous le seuil de pauvreté), malnutrition, déficit d'accès aux soins (plusieurs foyers épidémiques : choléra, rougeole ou Ebola). Grâce à une politique d'ouverture et malgré un accord de coalition le liant à son prédécesseur, Joseph Kabila, qui avait gardé une large majorité au Parlement, plusieurs figures

124 M.-A. Lagrange, T. Vircoulon, *op. cit.*, p. 7.
125 T. Vircoulon, République démocratique du Congo : la cohabitation insolite, Notes de l'IRFI, juin 2019, p. 13.

politiques de premier plan ont pu regagner Kinshasa ; qu'il s'agisse de Moïse Katumbi ou de Jean-Pierre Bemba Gombo. Le retour des leaders de l'opposition politique congolaise a eu ceci de particulier qu'il a débouché sur la fragmentation de la coalition *Lamuka*, divisée en plusieurs tendances. D'un côté, la tendance dite radicale menée par Martin Fayulu qui ne cesse de réclamer la vérité des urnes en endossant au passage la figure de leader de l'opposition ; de l'autre côté celle dite républicaine, prônée par Moïse Katumbi et Jean-Pierre Bemba Gombo.

Les divisions ne sont pas propres à l'opposition congolaise. La coalition ayant présidé aux destinées du pays (FCC-CACH) a aussi subi les soubresauts de la tectonique des plaques politiques. Elle s'est manifestée principalement par la condamnation à vingt ans de prison de Vital Kamerhe, directeur du cabinet du président Félix Tshisekedi Tshilombo, et la destitution du 1er vice-président de l'Assemblée nationale, Jean-Marc Kabund, autre figure emblématique de l'UDPS, parti du chef de l'État. La destitution de Jean-Marc Kabund a résulté de l'initiative d'un député du Mouvement de libération du Congo (MLC). Elle a bénéficié de l'appui des députés du Front commun pour le Congo (FCC). Après une séance mouvementée, les députés allaient se prononcer en faveur de sa destitution : 289 députés votaient pour, 17 contre et 9 s'abstenaient.

S'agissant du cas de Vital Kamerhe, il faut noter que cette condamnation est intervenue à la suite du procès dit des cent (100) jours. À la suite de son accession à la magistrature suprême, le président Félix Tshisekedi Tshilombo a mis en place un projet de 100 jours ayant pour finalité l'amélioration des conditions sociales des personnels civils et militaires de l'État. De ce fait, plusieurs sociétés étaient invitées à soumissionner à différents appels d'offres relativement à l'achat et à l'implantation des maisons préfabriquées dans les camps militaires et dans certaines provinces de la République démocratique du Congo. Le retard pris dans la réalisation de ce projet a conduit au déclenchement des procédures judiciaires avec l'interpellation de plusieurs personnalités, tant du secteur public que privé, parmi lesquelles : Vital Kamerhe et Samih Jamal, respectivement directeur du cabinet du président de la République et directeur général de la société Samibo SARL[126]. Ces deux personnes étaient accusées et condamnées pour détournement d'une somme globale de quarante-huit millions huit cent trente et un mille cent quarante-huit dollars américains (48 831 148 $ US). Elles ont écopé chacune de vingt ans d'emprisonnement. Pour Vital Kamerhe, la condamnation semble sonner la fin de sa carrière politique en ce sens que les vingt ans sont assortis de dix ans d'inéligibilité aux fonctions électives sur toute l'étendue du territoire de la République démocratique du Congo.

La fragmentation/reconstruction de la majorité présidentielle se poursuit. Le 2 novembre 2020, le président Félix Tshisekedi Tshilombo a initié toute une série de consultations en vue de constituer une *Union sacrée de la nation* en tentant de rassembler, pour cela, toutes les forces vives du pays. Il se profilait à l'horizon l'édiction d'une nouvelle trajectoire dans la gestion des affaires du pays. La bicéphalité du pouvoir constituée par l'attelage FCC/CACH était ainsi interrogée, avec en perspective l'imaginaire d'un pouvoir exerçant la plénitude de ses attributions. Il est vrai que d'une cohabitation pacifique où chaque acteur s'est astreint à respecter son périmètre de pouvoir, on est passé à une cohabitation guerre de tranchées où chacun a essayé

[126] Jugement RP26.931 du 6 juin 2020 du Tribunal de grande instance (TGI) de Kinshasa/Gombe, p. 1.

d'étendre son périmètre au détriment de l'autre. Enfin, cette cohabitation est devenue belliqueuse au point où chaque partie tentait de déstabiliser l'autre. D'une certaine manière, c'est en toute logique que l'actuel président a voulu sortir de ce rapport de force politico-institutionnel en essayant de rompre au passage avec un désenchantement prononcé d'une majorité de la population. Il ne pouvait en être autrement, le président Félix Tshisekedi Tshilombo ayant pris plusieurs engagements vis-à-vis de la population qui résonnent encore comme un contrat entre lui et le peuple congolais : développement, bonne gouvernance, justice, pacification de l'Est congolais ou amélioration des conditions de vie. C'est au cours d'une adresse à la nation, le 6 décembre 2020, que le président Félix Tshisekedi Tshilombo devait tirer, *urbi et orbi*, les leçons de sa cohabitation devenue houleuse. Pour ce qui le concerne, elle était bien « la raison principale à la base du blocage actuel ».

En prenant les Congolais à témoin, le président Félix Tshisekedi Tshilombo s'est exonéré de toute responsabilité dans le manque de résultats du gouvernement de coalition/cohabitation, en précisant pour cela que « le gouvernement de coalition institué au lendemain de l'alternance politique intervenue en janvier 2019 n'a pas permis de mettre en œuvre le programme pour lequel vous m'avez porté à la magistrature suprême et il n'a pas été capable de répondre aux aspirations de notre peuple ». L'appel de l'actuel président à une refondation du politique semble prendre corps. En effet, le 10 décembre 2020, la présidente de l'Assemblée nationale, madame Jeannine Mabunda, une figure emblématique du camp Kabila, a été destituée aux motifs que les finances de ladite Institution étaient gérées dans la plus grande opacité, sans oublier son appel au boycottage de la cérémonie de prestation de serment des juges de la Cour constitutionnelle fraîchement désignés par le président Félix Tshisekedi Tshilombo. Deux cent quatre-vingt-un (281) députés s'étaient prononcés en faveur de son limogeage du perchoir, deux cents (200) députés s'y opposant. La majorité de l'Assemblée nationale venait, de ce fait, de basculer au profit du président Félix Tshisekedi Tshilombo. Il en venait à soutenir que « c'est avec cette nouvelle coalition que le gouvernement qui sera mis en place au plus vite conduira son action durant le reste du quinquennat, ***suivant ma vision***, dans le but de répondre aux aspirations du peuple ». Il justifiait, par ailleurs, cette rupture avec le camp Kabila précisément parce qu'il avait « ressenti la lassitude du peuple, toujours plus impatient de voir des résultats concrets sur le front socio-économique changer leur quotidien et celui de leurs enfants ». C'est à ce titre, selon lui, que le peuple congolais veut « voir émerger un Congo nouveau entamant résolument sa marche vers le progrès ». En cas de refus de cet *aggiornamento* du politique, il en tirerait toutes les conséquences. En ce sens, il pouvait affirmer « qu'au cas contraire, fort de ce que les raisons de dissolution sont réunies en ce qu'il existe effectivement une crise persistante cristallisée notamment par le refus du Parlement de soutenir certaines initiatives du gouvernement, comme ce fut le cas lors de la prestation de serment des membres de la Cour constitutionnelle, j'userai des prérogatives constitutionnelles qui me sont reconnues pour revenir vers vous, peuple souverain, et vous demander cette majorité ». Comme toujours en démocratie, en cas de conflit entre les différents acteurs, il appartient au peuple de trancher, de dire le droit opposable à tous. Le 3 janvier 2021, à la cité de l'Union africaine, à Kinshasa, trois cents députés se sont retrouvés autour du président Félix Tshisekedi Tshilombo pour officialiser la nouvelle majorité de l'Assemblée nationale, l'*Union sacrée de la nation.*

Dans la configuration politique actuelle, Jean-Pierre Bemba Gombo est à la recherche de ce qui jadis a fait son succès électoral. Il n'en demeure pas moins vrai qu'il reste au centre du jeu politique congolais, particulièrement à l'aune de la nouvelle équation politique que vient de poser le président Félix Tshisekedi Tshilombo. Il a en effet gardé une base populaire non négligeable. La preuve en a été encore donnée lorsqu'il s'est levé, et avec lui une grande partie des *Kinois*, pour dire non aux trois propositions de loi portées par Aubin Minaku et Gary Sokata, membres du FCC, relativement à une réforme du secteur judiciaire. Il s'agissait, en l'espèce, de renforcer le pouvoir d'injonction du ministre de la Justice en vue de sanctionner les magistrats. En réalité, tout laisse à penser que Jean-Pierre Bemba est à la recherche d'une centralité dans le jeu politique congolais. L'espace politique congolais reste très mouvant et toutes les hypothèses sont de la sorte ouvertes.

B. Exégèse sur une recherche de centralité de Jean-Pierre Bemba Gombo dans l'espace politique congolais

La recherche d'une centralité dans le paysage politique congolais a consisté, pour Jean-Pierre Bemba Gombo, à trouver un équilibre entre les principaux acteurs politiques de la République démocratique du Congo. Il entend être à équidistance entre l'actuel chef de l'exécutif Félix Tshisekedi Tshilombo et les deux ailes de l'opposition modérée et radicale, toutes deux représentées au sein de la plateforme *Lamuka*. La première est conduite par Moïse Katumbi, Adolphe Muzito et Jean-Pierre Bemba Gombo. La seconde est sous l'autorité de Martin Fayulu, le tout sur fond de revendication de sa présumée victoire au dernier scrutin présidentiel du 30 décembre 2018. Un scrutin à l'issue duquel Félix Tshisekedi Tshilombo a été déclaré vainqueur. Ce jeu d'équilibre conditionnerait sa future élection à la présidentielle de 2023. Il s'agit donc, pour ce qui le concerne, de proposer un discours politique de transformation crédible de la société congolaise et à même de réunir la majorité des Congolais, particulièrement dans un environnement politique reconfiguré et en perpétuelle mutation.

Il devient nécessaire pour Jean-Pierre Bemba Gombo de procéder à une nouvelle lecture de ses alliances politiques, ce qui devrait le conduire à conclure des accords et des alliances politiques tant avec ses alliés politiques traditionnels qu'avec Félix Tshisekedi Tshilombo. Un rapprochement avec l'actuel chef de l'État avait été, dès le départ, considéré comme une alliance moins coûteuse qu'un rapprochement avec Joseph Kabila alors encore majoritaire à l'Assemblée nationale, au Sénat et détenant plusieurs postes ministériels stratégiques. L'opposition entre Joseph Kabila et Jean-Pierre Bemba Gombo semble irréductible, avec des racines bien lointaines. L'affrontement entre les troupes de l'armée congolaise et la milice armée de Jean-Pierre Bemba Gombo en mars 2007 dans la capitale Kinshasa, l'ayant contraint à l'exil, permettrait de saisir les contours de cette conflictualité.

Il n'est pas moins vrai que Jean-Pierre Bemba Gombo devrait tenir compte d'une nouvelle donne sociale où l'espace politique est aussi investi par des mouvements citoyens. En République démocratique du Congo (RDC), à l'image même de l'Afrique, le pluralisme politique hérité des Conférences nationales des années 1990 a d'une certaine manière « atomisé » l'espace politique, ce qui a fait émerger une expression plurielle du politique et, dans le même élan, amoindri la portée du discours de l'opposition au sens où il a été invité à partager son espace avec de nouveaux acteurs. On a de ce fait assisté à une « réinvention » des rapports entre les principaux dépositaires du pouvoir étatique et un certain nombre d'acteurs non institutionnels qualifiés de société civile. Elle emporte plusieurs définitions[127]. Elle n'en est pas moins un espace de contestation sociale, mais elle est plus encore une *agora* d'innovation sociale et de novation sociale. Il s'agit d'un contre-pouvoir utile et nécessaire au sein d'une société démocratique, elle-même naturellement traversée par plusieurs courants de pensée. C'est précisément sur ce segment que la société civile se transcende pour devenir un « facilitateur de la régulation publique » et un « instrument de réévaluation du citoyen ». En République démocratique du Congo, la société civile a endossé les revendications sociales nationales, face à un pouvoir politique frappé de plein fouet par une crise de la représentativité. Elle est devenue un acteur clé de la refondation du lien social et du contrat social dans ce pays aux potentialités inimaginables. Il ne reste plus qu'au désir d'une République démocratique du Congo flamboyante d'y transfigurer la réalité. Jean-Pierre Bemba Gombo devrait donc construire un nouvel imaginaire du leadership politique qui tienne compte de l'influence grandissante de l'espace citoyen sur le politique.

La société civile de la République démocratique du Congo est certainement l'une des plus dynamiques du continent. Il devient évident que tout effort ou stratégie d'accession à la magistrature suprême ne saurait faire l'impasse sur cette composante de la vie sociale. Au sein de cette aire politico-sociale partagée, on peut y trouver la Lutte pour le changement (LUCHA) ou ceux de

[127] G. Pirotte, *La Notion de société civile*, La Découverte, 2007.

« Filimbi », de l'Engagement citoyen pour le changement (ECCHA), Vigilance citoyenne (VICI) et bien d'autres. La République démocratique du Congo dénombre, en effet, près d'une vingtaine de mouvements citoyens nés après les élections de 2011. Ils comptent près d'une dizaine ou d'une centaine de militants, d'après un rapport dressé le 3 octobre 2019 par le Centre de documentation et de recherches (CEDOCA) du Commissariat général aux réfugiés et aux apatrides (CGRA). C'est bien cette société civile, autour de la LUCHA et de *Filimbi*, qui a pu amener le régime de l'ancien président Joseph Kabila Kabangué à transiger, en renonçant pour cela à toute modification de la Constitution et à accepter l'organisation d'élections aux termes de la période de transition. L'actuel président de la République, Félix Thisekedi Tshilombo, n'a pas manqué de consulter cette société civile, lorsqu'il s'est agi pour lui d'entrevoir la construction d'une nouvelle majorité : *Union sacrée pour la nation.* S'il s'agissait pour l'actuel président de recueillir leurs avis, il s'agissait aussi d'une manœuvre habile visant à s'attacher le soutien de cette force politico-sociale dans un espace politique en recomposition avancée.

L'Église catholique congolaise reste certainement la composante sociale la plus structurée et la plus influente du pays dont il faut s'attacher le soutien[128]. Elle compte plus de 43 000 000 de baptisés. Elle s'est, à chaque fois qu'elle en a ressenti le besoin et la nécessité, opposée au pouvoir politique en place. À la fin des années 1960, l'archevêque de Kinshasa, Joseph-Albert Malula, n'avait pas manqué de critiquer le tournant dictatorial du régime Mobutu. Plus près de nous, l'Église catholique congolaise allait de nouveau se lever au nom de la défense de la

[128] L. Larcher, L'Église en République démocratique du Congo (encore) face au pouvoir, Notes de l'IFRI, mai 2018, 28 p.

démocratie. C'est tout naturellement qu'en 2015, elle en appelait au respect de la Constitution de 2006 qui portait en elle l'impossibilité pour tout président de faire plus de deux mandats. Le 31 décembre 2016, elle faisait éclore un accord entre les partis politiques relativement à l'organisation de l'élection présidentielle qui devait se tenir à la fin 2017. On le sait, le *modus vivendi* ne tiendra pas, non sans susciter l'ire de l'Église catholique. Cette influence de l'Église catholique tient à son enracinement sur l'ensemble du territoire. Cet enracinement remonte à la colonisation portugaise aux XVe et XVIe siècles alors même que le royaume Kongo[129] et son roi, Ntinu Nzainga Nkuwu, se liaient diplomatiquement, commercialement et militairement avec les colonisateurs. La christianisation de la monarchie du royaume Kongo allait servir de rampe de lancement à cet enracinement de l'Église catholique en Afrique. Les facilitations accordées par ce royaume à l'*économie de la traite* devaient déboucher sur des soulèvements populaires qui allaient en saper les fondements. Le royaume Kongo disparaissait avec la mort du roi Antonio 1er survenue au cours de la bataille d'Ambouilla en 1665, signe par ailleurs annonciateur de la fin de l'élan missionnaire portugais dès 1834. Au cours du XIXe siècle, en 1865, l'Église de France avec les *spiritains* allait poursuivre la même *« mission d'évangélisation de l'Afrique »*. Lorsque le royaume Kongo devint un bien privé du roi des Belges, Léopold II, à la suite de la Conférence de Berlin du 26 février 1885, le pape Léon XIII ordonna à l'Église belge de maintenir le même élan d'évangélisation en direction du peuple noir. « L'évangélisation ne consiste pas seulement à convertir les Congolais, mais aussi à les intégrer peu à peu dans la

[129] Le royaume Kongo était alors structuré autour de la partie occidentale de l'actuelle RDC, une partie du Congo-Brazzaville et le nord de l'Angola.

hiérarchie catholique. Et de ce point de vue, l'Église du Congo belge n'hésite pas à accueillir des natifs, en un temps où l'administration et l'armée s'y opposent[130] ». Peu à peu, on assista à une africanisation de cette Église, avec l'ordination du premier prêtre congolais dès 1917. Un saut qualitatif sera franchi en 1959 avec la nomination de Joseph-Albert Malula en qualité d'évêque de Kinshasa. Il sera par la suite élevé au titre d'archevêque de Kinshasa en 1964, puis de cardinal en 1969, par décision de Paul VI. L'africanisation de l'Église du Congo se poursuivra à raison par exemple de l'institutionnalisation du *rite zaïrois* ou de l'accroissement des fidèles.

Dans le cadre de la recomposition de l'espace politique congolais, il devenait évident que l'accroissement de l'influence politique de Jean-Pierre Bemba Gombo devait résulter de son accession au poste de porte-parole de l'opposition, un poste créé par la Loi organique n° 07/008 du 4 décembre 2007 portant statut de l'opposition. Ce poste est toujours vacant. Il s'agissait là d'un poste stratégique, en ce qu'il allait incarner l'opposition. Or il vient d'intégrer la majorité présidentielle de Félix Tshisekedi Tshilombo. Et le président de la République, conscient de l'enjeu du poste ou du statut de porte-parole de l'opposition, affirmait dans son premier discours sur l'État de la nation du 13 décembre 2019 que « [...] je ne peux m'empêcher de rappeler que la désignation du porte-parole de l'opposition est une question pleinement parlementaire. Car, ce sont les députés et sénateurs, membres de l'opposition, qui doivent désigner celui qui doit les représenter. J'invite donc les différents compatriotes concernés à tout mettre en œuvre pour que l'Article 8 de la Constitution produise pleinement ses effets. Et nous aurons plutôt un contradicteur attitré, notre

---

[130] L. Larcher, *op. cit.*, p. 10.

démocratie en gagnera[131] ». Cela dit, l'environnement politique congolais ne sera pas simple à dompter pour le leader du Mouvement de libération du Congo. Il va devoir composer avec le leadership de l'ancien gouverneur du Katanga, Moïse Katumbi, auréolé par ses victoires électorales de 2018. La résolution de cette équation politique congolaise à plusieurs variables dépendra du temps, des circonstances et de la capacité de Jean-Pierre Bemba Gombo à proposer un discours transcendant les clivages politiques. Il n'en est pas moins vrai qu'avec l'éclatement de l'alliance FCC/CACH, le président Félix Tshisekedi Tshilombo s'est véritablement replacé au centre du jeu politique, gardant la main pour résoudre cette équation politique.

Pour Jean-Pierre Bemba Gombo, il est donc nécessaire et utile de composer avec tous les acteurs politiques comme ceux de la société civile : il y va de l'élargissement de sa base populaire et éventuellement de son succès au scrutin à venir. Ne pouvant plus prétendre occuper le poste de porte-parole de l'opposition en raison de son adhésion à l'*« Union sacrée de la nation »*, il lui faudrait néanmoins occuper un poste institutionnel stratégique qui lui serve de rampe de lancement vers son destin. Il faudrait néanmoins

---

[131] Voir l'Article 8 de la Constitution du 18 février 2006 qui dispose en l'occurrence que : « L'opposition congolaise est reconnue en République démocratique du Congo. Les droits liés à son existence, à ses activités et à sa lutte pour la conquête démocratique du pouvoir sont sacrés. Ils ne peuvent subir de limites que celles imposées à tous les partis et activités politiques par la présente Constitution et la loi ». La Loi organique du 4 décembre 2007 portant statut de l'opposition politique en RDC stipule en son Article 19 que : « Sans qu'il ne soit nécessairement parlementaire, le porte-parole de l'opposition politique est désigné par consensus, à défaut, par vote au scrutin majoritaire à deux tours, dans le mois qui suit l'investiture du Gouvernement, par les députés et les sénateurs, membres de l'opposition politique, déclarés conformément à l'Article 3 de la présente loi ».

sans cesse avoir à l'esprit que les contours de l'échiquier politique en République démocratique du Congo sont loin d'être tracés et que les contradictions politiques, à l'image de toute contradiction sociale, ne sont que temporairement surmontées et, de ce fait, il faut être à l'ouvrage continuellement. Le fait que le président Félix Tshisekedi Tshilombo ait refusé de céder aux demandes de Moïse Katumbi portant sur le contrôle de l'Assemblée nationale et de Jean-Pierre Bemba Gombo relativement à son accession à la primature augure des lendemains quelque peu difficiles pour cette nouvelle majorité. En même temps, dans la mesure où ces nouveaux alliés de l'*« Union sacrée de la nation »* sont contraints de se soutenir pour « déboulonner » définitivement les restes de l'ancien régime, il paraît peu probable que des difficultés viennent pour l'instant contrecarrer cette stratégie collective de mise au placard de l'ancien président. Il en est ainsi précisément parce que le président Félix Tshisekedi Tshilombo demeure plus que jamais au centre du jeu politique. Il peut faire et défaire les alliances, au gré de ses stratégies, et ses partenaires en sont bien conscients. En effet, l'hétérogénéité de l'*« Union sacrée de la nation »* laisse de larges possibilités d'action au président Félix Tshisekedi Tshilombo pour composer avec des acteurs politiques de divers horizons : le nomadisme politique à l'œuvre à Kinshasa sert avant tout les intérêts de l'actuel Président et conforte son autorité sur des acteurs politiques grandement divisés. Pour Martin Fayulu, « cette transhumance, que cultivent certains politiques congolais, sans idéal, est un véritable cancer pour notre pays », d'où son refus de rejoindre l'*« Union sacrée de la nation »*.

L'avenir politique de Jean-Pierre Bemba Gombo ne peut souffrir aujourd'hui d'une absence de collaboration avec l'actuel président, d'autant plus que l'ancien vice-président et sénateur honoraire de la République démocratique du Congo pourrait de droit se voir écarté des futures échéances électorales. L'annulation de sa future candidature pourrait résulter de sa condamnation pour subornation de témoin, confirmée par la Cour pénale internationale le 27 novembre 2019. Il n'en demeure pas moins vrai que dans une perspective beaucoup plus globalisante de **réconciliation-concorde nationale**, cette option pourrait ne pas voir le jour. On devrait plutôt s'orienter vers une amnistie au profit de Jean-Pierre Bemba Gombo. Il s'agira pour le président Félix Tshisekedi Tshilombo de conforter son lien politique avec le sénateur Jean-Pierre Bemba Gombo et surtout de ne pas ouvrir un front politique supplémentaire, en évitant pour cela que les éventuels déçus de sa politique en viennent à remplir les rangs de ceux qui visitent nuitamment ou de jour Joseph Kabila Kabangue en son ranch de **Kingakati**.

Conclusion

Jean-Pierre Bemba Gombo s'est retrouvé pris dans l'étau des contradictions qui innervent encore aujourd'hui la société centrafricaine, ce qui appelle manifestement à l'établissement d'un diagnostic sur les lames de fond qui travaillent nos sociétés. Cette réflexion doit être menée à son terme, précisément parce que « la question de la violence est par essence la question politique fondamentale. Ses prérequis philosophiques sont au cœur du Contrat social, de son acceptation, de sa pérennité et de son progrès[132] ». Cette violence qui semble contaminante en République centrafricaine a des fondements multiples. Il n'en est pas moins vrai qu'avec Michel Maffesoli[133] en son analyse de la modernité, il est possible d'arguer que la société centrafricaine apparaît *ceteris paribus* quelque peu marquée par un repli sur soi où le souci premier ne semble pas être « le souci d'un présent vécu collectivement », mais séparément ; ce qui dénote « la fin ou l'absence d'un idéal collectif ». Il en est résulté ce que Michel Maffesoli appelle la sécrétion « d'une union en pointillé », le marqueur étant son appartenance locale. Dans un monde où la compétition est devenue globale, chaque État cherchant à maximiser son avantage comparatif pour améliorer le bien-être collectif de ses sujets, nous en

[132] Revue politique et parlementaire, la guerre de tous contre tous ?, n° 1100, juillet-septembre 2021, p. 9.

[133] M. Maffesoli, *Le Temps des tribus : le déclin de l'individualisme dans les sociétés de masse*, Le Livre de poche, 1988, 284 p.

sommes encore quelque peu à recourir localement à « une guerre de tous contre tous » et au final à s'en remettre à un Léviathan venu du lointain et non du voisinage immédiat. Il en est ainsi alors même que tous les peuples sans exception sont appelés à inventer une civilisation nouvelle. Elle sera pour l'Afrique, reliée à son histoire, le marqueur d'une véritable novation politique. Elle le sera d'autant plus qu'elle porte en elle la promotion d'une véritable paix internationale, ceci à la mesure des résultats effectifs d'une politique visant à effacer les différentiels de développement entre le Nord et le Sud.

Ce désordre mondial, dont la République centrafricaine porte les stigmates, est peut-être le reflet de « la déshumanisation ou le désenchantement du monde ». En même temps, il est vrai que « suivant les époques, un type de sensibilité prédomine, un style spécifie les rapports que nous établissons avec les autres[134] ». À la fin des fins, comme le relève Michel Maffesoli, « il est des moments où c'est moins l'individu qui compte que la communauté dans laquelle il s'inscrit ». Il convient donc de réenchanter un imaginaire communément partagé. Et le même auteur d'ajouter, en guise de courroie de transmission entre les uns et les autres, « cela nécessite naturellement que l'on soit attentif à la composante relationnelle de la vie sociale, l'homme en relation. Pas seulement la relation interindividuelle, mais également ce qui me lie à un territoire, à une cité, à un environnement naturel que je partage avec d'autres ». Il soulève en fait la problématique de la Communauté de destin, ce qui n'est pas propre à la République centrafricaine ou à l'Afrique. Il s'agrège sur cet enjeu du lien social, le fait que la raréfaction des revenus budgétaires a fait de l'État centrafricain une entité évanescente dans la grande partie du pays, laissant *de*

---

[134] *Idem*, p. 110.

facto le champ libre à des acteurs qui n'en attendaient pas moins pour le supplanter. Ces derniers allaient de plus bénéficier d'un concours de circonstances : « le faible contrôle du gouvernement tchadien et soudanais sur leurs périphéries ». C'est de la sorte que Thierry Vircoulon a pu soutenir que « les conflits périphériques durables au Soudan et au Tchad ont conduit à la création d'un archipel de zones grises périphériques, un espace régional du banditisme où circulent avec une grande liberté les entrepreneurs de violence et où prospèrent les trafics, notamment celui des armes. Dans ces périphéries rebelles, la réalité du pouvoir appartient à des acteurs non étatiques, y compris des seigneurs de guerre qui exploitent ces territoires et leurs populations grâce à un racket plus ou moins organisé et participent au marché régional du mercenariat[135] ».

Après plus d'une décennie de détention, Jean-Pierre Bemba Gombo était donc acquitté par la Cour pénale internationale (CPI). Pour les victimes et les parents des victimes, la décision portant acquittement de Jean-Pierre Bemba Gombo aura été une réelle déception, une « décision d'un autre temps », la justice pénale internationale n'ayant pas tenu ses engagements visant à sanctionner les crimes les plus graves qui défient la conscience humaine. Les organisations de défense des droits de l'homme allaient aussi s'en insurger, en estimant qu'il s'agissait là d'une insulte aux milliers de victimes tombées par l'action nocive d'une armée équipée, dirigée et envoyée en République centrafricaine pour soutenir un régime aux abois, avec son corollaire d'atteintes aux droits de l'homme. Certains juristes allaient emboîter le même sentier pour soutenir que l'élargissement de Jean-Pierre

---

[135] T. Vircoulon, Quand le Sahel central rencontre l'Afrique centrale : réflexion sur le conflit centrafricain, *Hérodote*, 2020, n° 179, p. 60.

Bemba Gombo ne servait que les intérêts des États, des organisations régionales ou des groupes rebelles qui aujourd'hui traversent les frontières pour semer la désolation ici et là : comment la communauté internationale peut-elle alors prétendre vouloir sanctionner les ennemis du genre humain, relèvent-ils ?

L'on prend conscience, avec ce qui précède, que le système pénal international est à l'heure actuelle traversé par une défiance/méfiance de la part de bien des États membres, ce qui n'est pas dans le même temps sans nourrir les doutes des peuples en la capacité régulatrice de la Cour pénale internationale. Il en est ainsi alors même que la solidarité entre les peuples reste une valeur inscrite au frontispice de toute projection de l'action pénale internationale. Or, c'est bien dans le cadre d'une action symbiotique entre les peuples qu'il faudrait donner un sens nouveau à cette même action pénale internationale, rien ne pouvant se faire sans eux, encore moins contre eux. Il devient de la sorte évident qu'il faut construire un nouvel imaginaire de confiance retrouvée entre l'Institution pénale internationale et les peuples, entre l'Institution pénale internationale et les États membres. C'est certainement à cette condition que l'on pourra réellement s'orienter vers un avenir partagé, relativement à la capacité de la Cour pénale internationale à répondre au désordre mondial.

En réalité, l'acquittement de Jean-Pierre Bemba Gombo n'est rien de moins que le résultat du respect de la régularité de la procédure et de la qualité du raisonnement juridique. Il est vrai que les faiblesses de l'accusation n'étaient pas le fait de Fatou Bensounda, mais bien de son prédécesseur, Moreno Ocampo, pour qui la justice pénale internationale semblait avant tout répondre à une grande opération de communication. Dans une opinion séparée, les juges Morrisson et Van den Wyngaert, majoritaires dans la décision portant acquittement de Jean-Pierre Bemba Gombo, expliqueront bien que si le bureau du procureur « avait pu porter des accusations différentes, il aurait été possible de condamner Jean-Pierre Bemba Gombo ».

L'avocat de Jean-Pierre Bemba Gombo, Peter Haynes, en se basant sur l'Article 85 du Statut de Rome de la Cour pénale internationale portant sur « l'indemnisation des personnes arrêtées ou condamnées », a introduit une action en dommages et intérêts à hauteur de plus de 68 millions d'euros, ceci dans le but de « réparer une partie des dommages causés à l'homme et à sa famille par son arrestation, sa détention et les actes accessoires de la Cour et de certains États parties[136] ». Cet article offre à la Cour une compétence discrétionnaire pour indemniser la victime d'une erreur judiciaire « grave et manifeste », l'erreur judiciaire étant « une erreur de fait, qui, commise par une juridiction de jugement dans son appréciation de la culpabilité d'une personne poursuivie peut, si elle a entraîné une condamnation définitive, être réparée, sous certaines conditions, au moyen d'un pourvoi en révision[137] ». Le montant de l'indemnisation n'est arrêté par aucun texte de la Cour. On peut seulement indiquer que la règle 175 du règlement de procédure et de preuve énonce que les juges doivent prendre en considération « les conséquences de l'erreur judiciaire grave et manifeste sur la situation personnelle, familiale, sociale et professionnelle du requérant ». Et Peter Haynes d'ajouter qu'« un homme innocent a perdu dix ans de sa vie... le seul remède est une réparation financière ». Dans le détail, la défense de Jean-Pierre Bemba Gombo priait la Cour de

---

[136] Voir *Jeune Afrique*, 11 mars 2019.

[137] G. Cornu, *Vocabulaire juridique*, PUF, 2003, 4e éd., p. 357 ; C. Lazerges, Réflexions sur l'erreur judiciaire, *Revue de science criminelle et de droit pénal comparé*, 2006, p. 709-719.

lui verser au moins 12 millions d'euros au titre de la durée de sa détention, 10 millions d'euros au titre des dommages et intérêts aggravés, 4,2 millions pour ses frais de justice et 42,4 millions d'euros pour les dommages causés à ses biens, à titre d'exemple : le gel de ses avoirs.

Le 18 mai 2020, la Chambre préliminaire II de la Cour pénale internationale (CPI) a rejeté cette demande d'indemnisation et de dommages et intérêts. *En son premier volet*, cette demande se fondait sur l'Article 85-3 du Statut de Rome de la CPI[138]. Cet article dispose : « dans des circonstances exceptionnelles, si la Cour constate, au vu de faits probants, qu'une erreur judiciaire grave et manifeste a été commise, elle peut, à sa discrétion, accorder une indemnisation conforme aux critères énoncés dans le Règlement de procédure et de preuve à une personne qui avait été placée en détention et a été libérée à la suite d'un acquittement définitif ou parce qu'il a été mis fin aux poursuites pour ce motif ». C'est bien parce que la défense de Jean-Pierre Bemba Gombo n'avait pas réussi à faire la preuve qu'il avait été victime d'une « erreur judiciaire grave et manifeste » au sens de l'Article 85-3 du Statut de Rome de la CPI que la Cour l'avait débouté de sa demande d'indemnisation. *En son second volet*, la demande d'indemnisation de Jean-Pierre Bemba Gombo portait sur une mauvaise gestion par le greffe de la Cour pénale internationale de ses avoirs gelés sur ordre des juges de la Cour. Sur ce segment juridique, la Cour pénale internationale allait conclure que « cette question ne relevait pas du champ d'application de l'Article 85 du Statut de Rome de la Cour pénale internationale et de sa compétence » ; d'où le rejet de sa demande. La Cour pénale internationale allait néanmoins ouvrir une brèche

---

138 D. Dreyssé, Indemnisation des personnes arrêtées ou condamnées, in J. Fernandez, X. Pacreau, *op. cit.*, p. 1782-1788.

favorable à Jean-Pierre Bemba Gombo, en admettant que sa décision est ici « sans préjudice au droit de M. Bemba de recourir à d'autres voies de recours et possibilités qui lui seraient autrement ouvertes concernant des dommages allégués en rapport avec ses avoirs à la suite de mesures prises dans le cadre de l'exécution des décisions ».

La décision de la Cour pénale internationale en date du 8 juin 2018 portant acquittement de Jean-Pierre Bemba Gombo a été favorablement accueillie à Kinshasa et sur l'ensemble du continent, avec l'idée que c'était un Africain de moins sous la férule d'une justice pénale internationale au fort tropisme africain. Cette sentence allait *de facto* replacer Jean-Pierre Bemba Gombo au centre du jeu politique congolais, l'élection présidentielle de 2023 innervant déjà bien des esprits. Sa centralité est d'autant plus confortée que l'alliance FCC/CACH a volé en éclat. Les observateurs de la scène politique congolaise ont éprouvé bien des difficultés à la caractériser juridiquement : s'agissait-il d'une coalition ou d'une cohabitation ? La réponse à cette question est en elle-même un appel à l'édiction d'un nouveau schéma de gouvernance, réponse aux défis immenses auxquels ce pays fait face.

En définitive, la Cour pénale internationale reste confinée dans une certaine ambiguïté, le Conseil de sécurité des Nations unies pouvant, par exemple, la saisir d'un cas de crime contre l'humanité, tout en poursuivant avec les auteurs présumés des négociations politiques susceptibles de leur reconnaître au final une totale impunité. Néanmoins, c'est très probablement une juridiction destinée à jouer progressivement un rôle majeur au plan international. Notre intérêt est donc aujourd'hui de renforcer notre participation au système, de conduire nos juristes à s'y impliquer davantage, en devenant de réelles forces de propositions alternatives au service d'un humanisme juridique partagé.

Annexes

Annexe I

Carte de la République centrafricaine (2014)

T. Lesueur, « République centrafricaine : autopsie d'une crise méconnue », *Politique étrangère*, vol. 79, n°3, septembre 2014, p. 163-174.
« Éviter le pire en RCA », 28 septembre 2017, ©International crisis group.

Annexe II

Cour
Pénale
Internationale

International
Criminal
Court

Résumé de l'arrêt de la Chambre d'appel dans l'affaire

Le Procureur c. Jean-Pierre Bemba Gombo

Lu par la juge présidente Christine Van den Wyngaert

La Haye, 8 juin 2018

1. La Chambre d'appel rend ce jour son arrêt relatif à l'appel interjeté par Jean-Pierre Bemba contre le jugement rendu par la Chambre de première instance III le 21 mars 2016, qui le déclarait coupable de crimes de guerre et de crimes contre l'humanité. L'arrêt d'aujourd'hui concerne également les appels interjetés par Jean-Pierre Bemba et le Procureur contre la décision relative à la peine prononcée le 21 juin 2016, par laquelle la Chambre de première instance III a condamné Jean-Pierre Bemba à une peine totale de 18 ans d'emprisonnement. J'emploierai par la suite les termes « Jugement » et « Décision relative à la peine » pour désigner ces deux décisions.

2. Je commencerai par l'appel interjeté contre le Jugement, en faisant tout d'abord un résumé de la procédure.

A. Résumé de la procédure d'appel

3. Le 21 mars 2016, la Chambre de première instance a déclaré Jean-Pierre Bemba coupable des crimes contre l'humanité de meurtre et de viol et des crimes de guerre de

meurtre, de viol et de pillage, commis par les troupes du Mouvement de libération du Congo (MLC) en République centrafricaine du 26 octobre 2002 ou vers cette date au 15 mars 2003. Elle a jugé qu'en tant que personne faisant effectivement fonction de chef militaire et exerçant un contrôle effectif sur les troupes du MLC, Jean-Pierre Bemba était pénalement responsable de ces crimes au sens de l'article 28-a du Statut.

4. Jean-Pierre Bemba a fait appel du Jugement le 4 avril 2016 et il a déposé son mémoire d'appel le 19 septembre 2016. Il a soulevé les moyens d'appel suivants : premier moyen : le procès était inéquitable ; deuxième moyen : le Jugement va au-delà des charges ; troisième moyen : Jean-Pierre Bemba n'est pas responsable en tant que supérieur ; quatrième moyen : les éléments contextuels n'ont pas été établis ; cinquième moyen : la Chambre de première instance a commis une erreur dans l'approche qu'elle a retenue pour identifier les éléments de preuve ; et sixième moyen : d'autres erreurs procédurales ont entaché la condamnation.

5. Le Procureur a déposé sa réponse au mémoire d'appel le 21 novembre 2016 et les victimes ont déposé leurs observations relatives au mémoire d'appel le 17 janvier 2017. Jean-Pierre Bemba a déposé sa réplique à la réponse du Procureur le 23 janvier 2017 et sa réplique aux observations des victimes le 9 février 2017.

6. Le 30 octobre 2017, la Chambre d'appel a ordonné aux parties et aux participants de lui présenter des observations sur les éléments contextuels des crimes contre l'humanité, lesquelles observations ont bien été reçues entre le 13 novembre et le 11 décembre 2017.

7. Du 9 au 11 janvier 2018, la Chambre d'appel a tenu une audience qui lui a permis d'entendre les arguments et les observations des parties et des participants sur les appels, à propos d'un certain nombre de questions bien précises qu'elle avait énoncées dans une

ordonnance rendue le 27 novembre 2017. Tous ont ensuite été invités à déposer des écritures supplémentaires sur les appels, au plus tard le 19 janvier 2018.

B. Aperçu général de la décision de la Chambre d'appel

8. L'arrêt concernant le Jugement est rendu à la majorité, laquelle est composée du juge Eboe-Osuji, du juge Morrison et de moi-même. La majorité a limité son examen au deuxième moyen d'appel et à une partie du troisième moyen d'appel car elle les considère comme décisifs pour l'appel et, sans être d'accord sur tout, nous sommes arrivés au même résultat.

9. De plus, le juge Eboe-Osuji, le juge Morrison et moi-même joindrons à l'arrêt des opinions individuelles concernant d'autres aspects du présent appel.

10. La juge Monageng et le juge Hofmański ne sont pas d'accord avec le raisonnement de la majorité et l'issue de l'appel, et ils joignent ensemble à l'arrêt une opinion dissidente.

11. J'aimerais souligner à ce stade que la Chambre d'appel s'est efforcée de statuer à l'unanimité mais n'a pas été en mesure de le faire. Les arrêts rendus à la majorité sont chose commune devant de nombreuses juridictions nationales et, assurément, devant les juridictions internationales qui réunissent des juges issus de différentes traditions juridiques pour trancher des questions de fait et de droit bien souvent inédites et complexes.

12. En examinant les conclusions de fait tirées par la Chambre de première instance, la majorité s'est demandé si celle-ci avait correctement appliqué la norme d'administration de la preuve. La Chambre d'appel doit être convaincue que les conclusions de fait adoptées au-delà de tout doute raisonnable sont claires et irréfutables, sur le plan tant des preuves que du raisonnement. Par conséquent, si la Chambre d'appel estime que certaines conclusions peuvent raisonnablement être mises en doute, elle est tenue de les infirmer. En outre, la Chambre de première instance doit assortir sa conclusion d'un raisonnement suffisamment

clair. Ce raisonnement doit exposer sans ambiguïté les preuves sur lesquelles repose la conclusion ainsi que l'analyse qu'elle en a faite. Si la Chambre de première instance a omis de le faire, la Chambre d'appel n'a alors pas d'autre choix que d'écarter la conclusion concernée. Il importe également que l'obligation pour le condamné d'étayer les erreurs de jugement qu'il allègue n'aboutisse pas à un renversement de la charge de la preuve.

13. Je vais maintenant résumer brièvement les vues de la majorité sur le deuxième moyen et une partie du troisième moyen que nous avons considérés comme décisifs pour l'appel. Je résumerai ensuite les vues de la minorité sur ces mêmes moyens. Je précise ici que seuls l'arrêt et les opinions qui lui sont jointes font foi, mais pas le présent résumé.

C. Appel interjeté contre la déclaration de culpabilité

1. Deuxième moyen d'appel

14. Le deuxième moyen avancé par Jean-Pierre Bemba dans le cadre de son appel a trait à la portée des charges portées contre lui.

15. Pendant le processus de confirmation, le Procureur a formulé dans le document de notification des charges un certain nombre d'allégations relatives à des actes criminels constitutifs de meurtre, de viol et de pillage. Toutefois, en employant des expressions telles que « parmi [...] figurent » ou « parmi [...] figurent entre autres » (« *include* » ou « *include but are not limited to* » dans la version anglaise), le Procureur a indiqué que cette liste n'était pas exhaustive. La Chambre préliminaire a confirmé ces charges dans des termes larges. Ultérieurement, le Procureur a présenté des informations sur certains actes criminels particuliers qui n'avaient pas été expressément mentionnés dans le document de notification des charges, ni dans la Décision relative à la confirmation des charges. La Chambre de première instance a déclaré Jean-Pierre Bemba coupable d'un certain nombre de ces actes.

16. En appel, Jean-Pierre Bemba a allégué que « [TRADUCTION] près des deux tiers des actes sous-jacents dont il a été déclaré coupable n'avaient pas été inclus dans le document modifié de notification des charges, ou ne l'avaient pas été en bonne et due forme, et sortent du cadre des charges ». Selon lui, la Chambre de première instance a commis une erreur de droit en se fondant sur ces actes pour le condamner.

17. La Chambre d'appel relève que le Jugement ne contient même aucune indication du nombre des actes criminels particuliers constitutifs de meurtre, de viol et de pillage que la Chambre de première instance a jugés établis. Il ne fait pas non plus référence à une quelconque autre démarcation des actes couverts par la déclaration de culpabilité. Celle-ci semblerait donc potentiellement concerner *tous* les crimes de ce type commis par des soldats du MLC sur un territoire de plus de 600 000 km^2 et au cours d'une période de plus de quatre mois et demi.

18. La majorité des membres de la Chambre d'appel estime que le Jugement doit être compris comme déclarant Jean-Pierre Bemba coupable des actes criminels *spécifiques* de meurtre, de viol et de pillage que la Chambre de première instance a jugés établis au-delà de tout doute raisonnable et qui ont été rappelés dans les sections finales du Jugement, au chapitre de chaque crime. Le dispositif du Jugement, formulé en termes larges, et les conclusions concernant les crimes reprochés tirées par la Chambre de première instance en des termes à peine moins larges, ne reflètent en réalité pas ce pour quoi Jean-Pierre Bemba a été condamné. Il s'agit en fait de *résumés* des conclusions de la Chambre de première instance concernant les actes criminels constitutifs de meurtre, de viol et de pillage qui ont été établis au-delà de tout doute raisonnable. Néanmoins, la déclaration de culpabilité prononcée contre Jean-Pierre Bemba l'a été en lien avec ces actes criminels spécifiques uniquement.

19. Après avoir déterminé la portée de la condamnation de Jean-Pierre Bemba, j'en viens maintenant à la portée des charges. La majorité des membres de la Chambre d'appel, les juges Monageng et Hofmański étant en désaccord, considère que le dispositif de la Décision relative à la confirmation des charges et les parties pertinentes du document de notification des charges sont formulés de façon trop large pour constituer une « description » utile, aux fins de l'article 74-2 du Statut, des charges retenues contre Jean-Pierre Bemba. Se contenter d'énumérer les catégories de crimes reprochés à une personne ou d'énoncer les paramètres temporels et géographiques en des termes généraux ne suffit pas pour satisfaire aux conditions posées à la norme 52-b du Règlement de la Cour, et ne permet pas une application utile de l'article 74-2 du Statut.

20. Toutefois, la Chambre d'appel relève que le document modifié de notification des charges et la Décision relative à la confirmation des charges contenaient tous les deux des allégations de fait plus spécifiques quant aux crimes pour lesquels Jean-Pierre Bemba allait être jugé – en l'occurrence sous la forme des actes criminels identifiés. Ceux-ci étaient clairement mentionnés dans le dispositif du document modifié de notification des charges et également repris dans l'analyse des preuves exposée dans la Décision relative à la confirmation des charges. Partant, les « faits et circonstances » étaient décrits, pour ces crimes, au niveau d'actes criminels particuliers.

21. La majorité des membres de la Chambre d'appel, les juges Monageng et Hofmański étant en désaccord, estime que les actes criminels que le Procureur a ajoutés après qu'a été rendue la Décision relative à la confirmation des charges, dans le cadre de la communication de ses pièces et en les incluant dans des documents auxiliaires, ne sauraient être considérés comme faisant partie « des faits et des circonstances décrits dans les charges » au sens de l'article 74-2 du Statut. La raison en est que, comme je l'ai dit plus tôt, le Procureur n'avait

formulé les charges de façon suffisamment détaillée aux fins de cette disposition que pour les actes criminels. C'est pourquoi l'ajout d'un quelconque acte criminel supplémentaire constitutif de meurtre, de viol ou de pillage aurait nécessité une modification des charges, conformément à l'article 61-9 du Statut. Or cela n'a pas été fait en l'espèce. La majorité des membres de la Chambre d'appel estime que les actes criminels qui ont été ajoutés après qu'a été rendue la Décision relative à la confirmation des charges et qui n'étaient pas énumérés dans le document modifié de notification des charges ne faisaient pas partie « des faits et des circonstances décrits dans les charges » et que Jean-Pierre Bemba ne pouvait donc pas en être déclaré coupable. Il en va de même pour les actes criminels avancés par les victimes.

22. La Chambre d'appel décide par conséquent de faire droit à ce moyen d'appel et conclut à la majorité de ses membres, les juges Monageng et Hofmański étant en désaccord, que la Chambre de première instance a eu tort de déclarer Jean-Pierre Bemba coupable de ces actes, qui n'entraient pas dans le cadre « des faits et des circonstances décrits dans les charges » au sens de l'article 74-2 du Statut. Cela signifie que le nombre d'actes criminels dont Jean-Pierre Bemba a été déclaré coupable se ramène à un meurtre, au viol de vingt personnes et à cinq actes de pillage.

2. Troisième moyen d'appel

23. Dans le cadre du troisième moyen d'appel, Jean-Pierre Bemba avance que la Chambre de première instance a eu tort de conclure qu'il n'avait pas pris toutes les mesures nécessaires et raisonnables pour empêcher ou réprimer les crimes commis par les troupes du MLC, ou pour en référer aux autorités compétentes. Jean-Pierre Bemba a présenté cinq arguments sur ce point, en avançant : 1) que la Chambre de première instance n'a pas appliqué la norme de droit qui convenait ; 2) qu'elle n'a pas bien apprécié les limites de la juridiction et de la compétence du MLC pour enquêter ; 3) qu'elle n'a pas tenu compte du fait que Jean-Pierre

Bemba avait demandé au Premier ministre de la République centrafricaine d'enquêter sur les allégations ; 4) qu'elle a commis une erreur en tenant compte de certaines considérations dénuées de pertinence ; et 5) que les conclusions qu'elle a tirées concernant les mesures prises étaient déraisonnables, ne reflétaient pas correctement les éléments de preuve et ne tenaient pas compte de certains éléments pertinents.

24. La majorité des membres de la Chambre d'appel, les juges Monageng et Hofmański étant en désaccord, a relevé d'importantes erreurs dans l'examen qu'a fait la Chambre de première instance de la question de savoir si Jean-Pierre Bemba avait pris toutes les mesures nécessaires et raisonnables pour empêcher, réprimer ou punir la commission de crimes par ses subordonnés.

25. Premièrement, la Chambre d'appel conclut que la Chambre de première instance a versé dans l'erreur en ne tenant pas correctement compte des restrictions auxquelles Jean-Pierre Bemba devait faire face, en tant que chef militaire éloigné de troupes envoyées à l'étranger, pour enquêter sur des crimes et en poursuivre les auteurs. Si la Chambre de première instance a quelque peu tenu compte de ces difficultés, elle a cependant ignoré d'importants témoignages indiquant que le pouvoir de Jean-Pierre Bemba d'enquêter sur des crimes commis en République centrafricaine était limité et qu'il faisait face à des difficultés logistiques dans la conduite d'enquêtes. Elle a aussi négligé le fait que tout au long de l'Opération de 2002-2003 en RCA, le MLC s'appuyait sur la coopération des autorités centrafricaines.

26. Deuxièmement, la Chambre d'appel conclut que la Chambre de première instance a eu tort de ne pas prendre en considération l'argument de Jean-Pierre Bemba selon lequel il avait adressé une lettre aux autorités centrafricaines. Même si elle n'a pas pris cet argument en

considération, elle a tout de même conclu que Jean-Pierre Bemba n'avait pas référé les allégations de crimes aux autorités centrafricaines pour qu'elles enquêtent. En concluant que Jean-Pierre Bemba n'avait pas pris de mesures nécessaires et raisonnables, la Chambre de première instance s'est en partie fondée sur la conclusion selon laquelle il n'avait fait aucun effort pour en référer aux autorités centrafricaines. La Chambre de première instance a eu tort de tirer cette conclusion sans prendre expressément en considération l'argument selon lequel il en avait bel et bien référé aux autorités.

27. Troisièmement, la Chambre de première instance a versé dans l'erreur en déterminant que les motivations qu'elle attribuait à Jean-Pierre Bemba excluaient que celui-ci prenne de bonne foi les mesures nécessaires et raisonnables. Le souci de préserver la réputation des troupes ne rend toutefois pas intrinsèquement moins raisonnables ou nécessaires les mesures de prévention ou de répression des crimes.

28. Quatrièmement, la Chambre de première instance a eu tort de retenir à l'encontre de Jean-Pierre Bemba le fait que les mesures qu'il a ordonnées ont été mal exécutées ou n'ont produit que des résultats limités : elle n'a pas considéré que les mesures prises par un commandant ne peuvent pas nécessairement lui être reprochées parce que leur exécution laissait à désirer. En l'espèce, la Chambre de première instance semble avoir attribué à Jean-Pierre Bemba les résultats prétendument limités des enquêtes indépendantes au seul motif que ces enquêtes avaient été lancées à son initiative.

29. Cinquièmement, la Chambre de première instance a commis une erreur en concluant que Jean-Pierre Bemba n'avait pas habilité d'autres responsables du MLC de façon à ce qu'ils puissent enquêter suffisamment et pleinement sur des crimes et en poursuivre les auteurs. Elle est arrivée à cette conclusion en apparente contradiction avec une autre conclusion tirée précédemment selon laquelle d'autres commandants du MLC détenaient une

certaine autorité disciplinaire sur le terrain. Qui plus est, la Chambre de première instance n'a pas expliqué ce que Jean-Pierre Bemba aurait dû faire de plus pour habiliter d'autres responsables du MLC de façon à ce qu'ils puissent enquêter suffisamment et pleinement sur les allégations de crimes et en poursuivre les auteurs, ni en quoi il avait failli à cet égard.

30. Sixièmement, la Chambre de première instance a eu tort de fonder son appréciation des mesures nécessaires et raisonnables sur la totalité des crimes qui auraient été commis par le MLC, alors que seul un nombre limité de ces crimes a été prouvé au-delà de tout doute raisonnable. Conclure que les mesures prises par un commandant étaient insuffisantes pour empêcher ou réprimer une vague de criminalité prolongée ne signifie pas que ces mesures étaient également insuffisantes pour empêcher ou réprimer le nombre limité de crimes spécifiques pour lesquels le commandant est en fin de compte déclaré coupable.

31. Septièmement, la Chambre de première instance a eu tort de considérer le redéploiement des troupes du MLC comme une mesure que Jean-Pierre Bemba pouvait prendre. La Chambre d'appel considère qu'il est fondamental qu'un accusé soit informé dans le plus court délai et de façon détaillée de la nature, de la cause et de la teneur des charges. Cependant, aucun document visant à notifier à Jean-Pierre Bemba les charges retenues contre lui ne mentionnait spécifiquement le redéploiement des troupes pour limiter les contacts avec la population civile comme une mesure nécessaire et raisonnable qu'il aurait dû prendre. Le déploiement des troupes n'était mentionné dans le document modifié de notification des charges que dans le contexte de l'établissement du contrôle effectif de Jean-Pierre Bemba sur les forces du MLC. Ce défaut de notification en bonne et due forme a porté préjudice à Jean-Pierre Bemba.

32. La Chambre d'appel conclut que ces erreurs ont sérieusement entaché la conclusion de la Chambre de première instance selon laquelle Jean-Pierre Bemba n'a pas pris toutes les mesures nécessaires et raisonnables.

33. Par conséquent, la Chambre d'appel conclut à la majorité de ses membres, les juges Monageng et Hofmański étant en désaccord, que la conclusion de la Chambre de première instance selon laquelle Jean-Pierre Bemba n'avait pas pris toutes les mesures nécessaires et raisonnables en réponse aux crimes commis par le MLC en RCA est sérieusement entachée d'erreurs, et que Jean-Pierre Bemba ne peut être considéré comme pénalement responsable sur la base de l'article 28 pour les crimes commis par les troupes du MLC pendant l'opération en RCA.

3. *Mesure appropriée*

34. Dans ces circonstances, la Chambre d'appel, à la majorité de ses juges, annule la déclaration de culpabilité de Jean-Pierre Bemba. Elle met fin à la procédure pour ce qui est des actes criminels dont la Chambre de première instance a déclaré l'accusé coupable alors même qu'ils débordaient du cadre des faits et circonstances de l'affaire. Pour le reste des actes criminels, la Chambre d'appel prononce l'acquittement de l'accusé car les erreurs relevées au chapitre des mesures nécessaires et raisonnables font entièrement disparaître sa responsabilité pénale.

4. *Résumé de l'opinion dissidente*

35. Je vais maintenant résumer les raisons pour lesquelles la juge Monageng et le juge Hofmański se sont dissociés de la décision de la majorité. Je me limiterai aux trois principaux points de désaccord, à savoir : premièrement, le critère d'examen en appel ; deuxièmement, la question de savoir si Jean-Pierre Bemba a manqué de prendre toutes les mesures nécessaires et raisonnables pour empêcher, réprimer ou punir les crimes ; et, troisièmement, la question

de savoir si la déclaration de culpabilité est allée au-delà du cadre des charges. Les juges dissidents examinent les autres moyens d'appel dans leur opinion dissidente, qui est le document qui fait foi. Après examen de tous les arguments formulés, ils auraient confirmé le jugement attaqué.

a) Critère d'examen

36. Au sujet du critère d'examen en appel, les juges dissidents ne partagent pas l'avis de la majorité selon lequel la Chambre d'appel doit annuler les conclusions de fait de la Chambre de première instance si celles-ci peuvent raisonnablement être mises en doute. Les juges dissidents y voient un écart important et inexplicable par rapport au critère conventionnel d'examen des erreurs de fait appliqué à ce jour par la Chambre d'appel de cette Cour, ainsi que par toutes les autres juridictions internationales et internationalisées. Ils estiment qu'il ne suffit pas d'avoir de « sérieux doutes » sur une conclusion de fait tirée par la Chambre de première instance. Les juges dissidents considèrent qu'en cas de doute, il est nécessaire que la Chambre d'appel examine les éléments de preuve étayant la constatation en question afin de statuer elle-même sur la question, ou qu'elle renvoie ladite question devant une chambre de première instance à cette fin. Par conséquent, pour examiner les moyens d'appel soulevés par Jean-Pierre Bemba, les juges dissidents ont appliqué le critère conventionnel d'examen en appel, qui accorde un certain crédit aux constatations de la Chambre de première instance.

b) Troisième moyen d'appel – Mesures nécessaires et raisonnables

37. Les juges dissidents estiment que l'application de ce critère d'examen modifié a conduit en pratique la majorité des juges de la Chambre d'appel à tirer une conclusion erronée sur le manquement de Jean-Pierre Bemba à prendre toutes les mesures nécessaires et raisonnables pour empêcher, réprimer ou punir les crimes commis par les troupes du MLC.

38. De l'avis des juges dissidents, trois éléments essentiels du raisonnement de la Chambre de première instance étayent la conclusion selon laquelle « Jean-Pierre Bemba n'a pas pris toutes les mesures nécessaires et raisonnables qui étaient en son pouvoir pour empêcher ou réprimer l'exécution de crimes ou pour en référer aux autorités compétentes ». Premièrement, la Chambre de première instance a reconnu que « Jean-Pierre Bemba a pris quelques mesures au cours de l'Opération de 2002 2003 en RCA », mais elle a conclu que toutes ces mesures « étaient limitées quant à leur mandat, leur exécution et/ou leurs résultats ». Deuxièmement, la Chambre de première instance a conclu que les troupes du MLC ont continué de commettre des crimes tout au long de l'Opération de 2002-2003 en RCA et que des informations concordantes concernant ces crimes ont été portées à l'attention de Jean-Pierre Bemba. Troisièmement, la Chambre de première instance a évalué les mesures limitées et déficientes prises par Jean-Pierre Bemba au vu du fait « qu'il était matériellement en son pouvoir d'empêcher et de réprimer l'exécution des crimes ». Sur la base de cette évaluation, la Chambre de première instance a conclu que les mesures prises étaient restées « manifestement en deçà de ce que constitue "toutes les mesures nécessaires et raisonnables" pour empêcher et réprimer l'exécution de crimes qu'il était matériellement en son pouvoir de prendre », et qu'on ne saurait dire que Jean-Pierre Bemba en avait référé aux autorités compétentes.

39. Comme ils l'expliquent en détail dans leur opinion conjointe, les juges dissidents ont examiné les constatations de la Chambre de première instance à la lumière des arguments soulevés par Jean-Pierre Bemba en appel, et ils ne relèvent ni erreur dans les constatations de la Chambre de première instance ni caractère déraisonnable dans les conclusions générales. Les juges dissidents auraient donc rejeté les arguments de Jean-Pierre Bemba et confirmé les constatations et conclusions de la Chambre de première instance.

40. La majorité parvient à une autre conclusion en se basant sur une analyse que les juges dissidents ne sont pas en mesure d'accepter et jugent profondément erronée, pour les raisons que je vais maintenant exposer.

41. Pour ce qui est des mesures effectivement prises par Jean-Pierre Bemba, la majorité relève trois erreurs dans l'analyse de la Chambre première instance.

42. Premièrement, elle conclut que la Chambre de première instance n'a pas accordé suffisamment d'importance au fait que les troupes du MLC opéraient dans un pays étranger avec ce que cela suppose comme difficultés pour la capacité de Jean-Pierre Bemba de prendre des mesures. De l'avis des juges dissidents, la conclusion de la majorité selon laquelle Jean-Pierre Bemba était limité dans sa capacité de prendre des mesures en République centrafricaine repose sur une acceptation sans examen critique des arguments de Jean-Pierre Bemba et une évaluation erronée d'une fraction du dossier des preuves dont la Chambre de première instance a tenu compte. Les juges dissidents trouvent cette manière de procéder intenable, surtout si l'on tient compte du fait que Jean-Pierre Bemba n'a pas évoqué de tentatives effectives d'enquêter qui se seraient révélées impossibles. Les juges dissidents auraient conclu que la Chambre de première instance a dûment pris en compte la capacité de Jean-Pierre Bemba de prendre des mesures sur la base des éléments de preuve versés au dossier.

43. La deuxième erreur relevée par la majorité est que la Chambre de première instance semble avoir considéré les motivations de Jean-Pierre Bemba comme déterminant le caractère adéquat ou non des mesures qu'il a prises. Les juges dissidents considèrent que l'avis de la majorité sur le raisonnement de la Chambre de première ne reflète pas fidèlement la démarche de la Chambre de première instance et n'est étayé par aucune lecture attentive du Jugement. Ils considèrent comme inapproprié l'emploi par la majorité de termes d'ordre

spéculatif pour imputer à la Chambre de première instance un raisonnement qui ne ressort pas du texte de la décision. Les juges dissidents n'auraient pas décelé d'erreur dans l'examen par la Chambre de première instance des motivations de Jean-Pierre Bemba.

44. La troisième erreur relevée par la majorité est que la Chambre de première instance n'a pas établi que Jean-Pierre Bemba a délibérément limité le mandat des commissions et des enquêtes mises en place. Les juges dissidents estiment que la position de la majorité reflète une interprétation erronée de la nature de la responsabilité pénale visée à l'article 28 du Statut. D'après leur conception de ce mode de responsabilité, la question n'est pas de savoir si Jean-Pierre Bemba était responsable des quelconques déficiences ou limitations constatées dans les mesures qu'il a prises. La question est plutôt de savoir si l'on peut, également à la lumière des mesures que Jean-Pierre Bemba a effectivement prises, dire qu'il a pris toutes les mesures nécessaires et raisonnables pour empêcher, réprimer ou punir la commission de crimes. Les juges dissidents auraient conclu que la Chambre de première instance n'a pas commis d'erreur dans son examen de cette question.

45. Pour ce qui est de la poursuite des crimes en dépit des mesures prises, les juges dissidents relèvent que la majorité a exprimé des doutes quant aux conclusions de la Chambre de première instance concernant l'ampleur et la durée des crimes. De façon similaire, bien qu'elle exprime certaines « préoccupations » concernant les conclusions de la Chambre de première instance relatives au contrôle effectif détenu par Jean-Pierre Bemba et à sa connaissance des crimes, la majorité ne résout aucune des questions qu'elle soulève. Selon les juges dissidents, cela a pour conséquence regrettable que des questions essentielles pour déterminer si Jean-Pierre Bemba a pris toutes les mesures nécessaires et raisonnables demeurent non résolues aux fins du présent appel. Les juges dissidents estiment que la majorité aurait dû remédier à toute préoccupation concernant les conclusions de la Chambre

de première instance en se fondant sur son propre examen des éléments de preuve versés au dossier de l'affaire. En l'absence d'un tel examen et d'une décision effective sur ces questions, les juges dissidents ne voient pas bien comment la majorité a pu procéder à l'annulation des conclusions de la Chambre de première instance et prononcer un acquittement. Pour leur part, les juges dissidents ont mené un examen complet des constatations factuelles et des éléments de preuve sur lesquels la Chambre de première instance s'est appuyée et sont convaincus que celle-ci n'a pas eu tort de conclure que de nombreux crimes ont continué d'être commis tout au long de l'Opération de 2002-2003 en RCA, que Jean-Pierre Bemba avait connaissance de ces crimes et qu'il détenait un contrôle effectif sur ses troupes.

46. Les juges dissidents considèrent que l'analyse déficiente faite par la majorité en l'espèce résulte de l'application dans la pratique du critère modifié qu'elle a retenu pour l'examen de cet appel. Cela a conduit la majorité à infirmer les constatations faites par la Chambre de première instance sans même se pencher utilement sur ces constatations ni montrer un quelconque intérêt pour les éléments de preuve sur lesquels elles reposent. Les juges dissidents estiment qu'au vu de l'examen limité des éléments de preuve auquel elle s'est livrée, il n'est guère surprenant que la majorité ait eu des doutes sur les constatations et la conclusion générale tirées par la Chambre de première instance. Ils réaffirment que des doutes ne constituent pas une base suffisante pour renverser des conclusions de fait dégagées par la Chambre de première instance, surtout en l'absence d'examen de tous les éléments de preuve pertinents. Ce qu'il faut faire, c'est déterminer si un juge du fait raisonnable aurait pu aboutir à la conclusion considérée sur la base des éléments de preuve dont disposait la Chambre de première instance.

47. Pour les juges dissidents, la question clé, en première instance comme en appel, est celle de savoir si les mesures prises par Jean-Pierre Bemba correspondaient à toutes les mesures nécessaires et raisonnables qui étaient en son pouvoir. L'analyse en l'espèce comportait deux volets : il fallait vérifier si Jean-Pierre Bemba avait manqué de prendre toutes les mesures nécessaires et raisonnables qui étaient en son pouvoir pour i) empêcher ou réprimer la commission des crimes ; et ii) en référer aux autorités compétentes aux fins d'enquête et de poursuites. Les juges dissidents considèrent que pour répondre correctement à ces questions, il fallait tenir compte de l'ampleur et de la durée des crimes commis, de la connaissance qu'en avait Jean-Pierre Bemba et de toutes les mesures qu'il pouvait prendre dans les circonstances considérées, eu égard à l'étendue du contrôle qu'il détenait sur les troupes. Les juges dissidents déplorent que la majorité ait limité son analyse aux mesures que Jean-Pierre Bemba a prises, et ils considèrent que l'examen restreint de cet aspect isolé de l'affaire l'a conduite à une conclusion erronée.

48. Pour toutes ces raisons, les juges dissidents auraient confirmé la conclusion de la Chambre de première instance selon laquelle Jean-Pierre Bemba a manqué de prendre toutes les mesures nécessaires et raisonnables.

c) Deuxième moyen d'appel – Portée des charges

49. J'en viens maintenant à l'avis des juges dissidents concernant le deuxième moyen d'appel, qui touche à la portée des charges. Les juges dissidents regrettent de ne pouvoir se rallier à la conclusion de la majorité selon laquelle certains des actes criminels jugés établis au-delà de tout doute raisonnable par la Chambre de première instance débordaient du cadre des charges.

50. De l'avis des juges dissidents, les charges portées par le Procureur contre Jean-Pierre Bemba se définissaient par des paramètres géographiques et temporels et d'autres paramètres de fond. La Chambre préliminaire a confirmé les charges en l'état. La Chambre de première instance pouvait donc examiner tout acte criminel satisfaisant à ces paramètres, sous réserve que l'accusé en ait été dûment informé.

51. Cette conclusion des juges dissidents repose sur les considérations suivantes.

52. Les juges dissidents considèrent que le Statut confère au Procureur le pouvoir de formuler les charges et de fixer les paramètres factuels de l'affaire. Selon eux, l'article 74-2 du Statut garantit que la Chambre de première instance n'aille pas au-delà du cadre factuel de l'affaire telle que présentée par le Procureur. Cette disposition a pour objet de délimiter la compétence de la Chambre de première instance.

53. Les juges dissidents considèrent que le Procureur peut retenir des paramètres larges pour les charges en fonction des circonstances de l'affaire qu'il entend porter devant les juges. Par exemple, en cas de crimes de masse que l'accusé n'a pas directement commis, le Procureur peut décider de décrire les crimes allégués de manière large en vue de limiter la compétence de la Chambre de première instance aux fins de l'article 74-2 du Statut.

54. S'agissant du rôle de la Chambre préliminaire, les juges dissidents considèrent qu'il est de déterminer s'il y a une affaire à juger et non de se lancer dans un long processus d'établissement des faits sur la base d'une norme d'administration de la preuve moins rigoureuse. Lorsque des actes criminels spécifiques sont allégués pour étayer une charge décrite plus largement, ils servent principalement de vecteurs permettant de prouver une charge plus large et la Chambre préliminaire ne doit les examiner que dans la mesure où ils peuvent lui être utiles pour déterminer si l'intéressé a commis les crimes qui lui sont

reprochés. La Chambre préliminaire n'a pas vocation à confirmer ni cristalliser toutes *les allégations de faits* aux fins du procès.

55. Par conséquent, de l'avis des juges dissidents, si le Procureur formule les charges de façon large, cela signifie que d'autres actes criminels particuliers peuvent être allégués aux fins du procès, à condition qu'ils s'inscrivent dans le cadre des crimes confirmés et que soient respectés les droits de l'accusé à être informé de ce qui lui est reproché et à bénéficier du temps nécessaire pour préparer sa défense.

56. Les juges dissidents sont d'avis que les charges ont été formulées en l'espèce de façon large au moyen de paramètres temporels et géographiques et d'autres paramètres factuels. Les charges couvraient des actes de meurtre, de viol et de pillage commis par les troupes du MLC en République centrafricaine du 26 octobre 2002, ou vers cette date, au 15 mars 2003. Elles ne se limitaient pas aux actes criminels particuliers spécifiquement mentionnés dans le document de notification des charges et dans la Décision relative à la confirmation des charges. Les juges dissidents considèrent qu'en l'espèce, la description des faits et circonstances figurant dans les charges est suffisante aux fins de l'article 74-2 du Statut.

57. En raison de ce qui précède, les juges dissidents auraient conclu que la déclaration de culpabilité de Jean-Pierre Bemba n'est pas allée au-delà du cadre des faits et circonstances décrits dans les charges portées contre lui. Ils auraient par conséquent conclu que Jean-Pierre Bemba n'a pas démontré que la Chambre de première instance avait commis une erreur de droit, et auraient rejeté le deuxième moyen d'appel. Ils n'auraient donc pas mis un terme à la procédure s'agissant des actes criminels dont la majorité a jugé qu'ils débordaient du cadre « des faits et circonstances décrits dans les charges ».

58. Ainsi s'achève mon résumé de l'opinion dissidente.

E. Appels interjetés contre la peine

59. Compte tenu de l'issue que le présent arrêt donne à l'appel interjeté par Jean-Pierre Bemba, la Chambre d'appel considère à l'unanimité que les appels formés par Jean-Pierre Bemba et le Procureur contre la Décision relative à la peine sont sans objet, et elle les rejette donc à ce titre.

60. Ainsi s'achève le résumé de l'arrêt rendu en l'espèce. La Chambre d'appel relève qu'en cas d'acquittement, la personne concernée est censée être immédiatement remise en liberté. Toutefois, Jean-Pierre Bemba a été déclaré coupable par cette Cour dans une autre affaire concernant des atteintes à l'administration de la justice, et la peine associée à cette déclaration de culpabilité est actuellement en cours d'examen devant la Chambre de première instance VII. Ainsi, bien que la Chambre d'appel juge qu'il n'y a pas lieu de maintenir Jean-Pierre Bemba en détention sur la base de la présente affaire, il revient à la Chambre de première instance VII de déterminer d'urgence si le maintien de Jean-Pierre Bemba en détention demeure justifié dans le cadre de l'affaire dont elle est actuellement saisie. Par conséquent, Jean-Pierre Bemba ne sera pas remis en liberté immédiatement.

Table des matières

Structures éditoriales du groupe L'Harmattan

L'Harmattan Italie
Via degli Artisti, 15
10124 Torino
harmattan.italia@gmail.com

L'Harmattan Hongrie
Kossuth l. u. 14-16.
1053 Budapest
harmattan@harmattan.hu

L'Harmattan Sénégal
10 VDN en face Mermoz
BP 45034 Dakar-Fann
senharmattan@gmail.com

L'Harmattan Cameroun
TSINGA/FECAFOOT
BP 11486 Yaoundé
inkoukam@gmail.com

L'Harmattan Burkina Faso
Achille Somé – tengnule@hotmail.fr

L'Harmattan Guinée
Almamya, rue KA 028 OKB Agency
BP 3470 Conakry
harmattanguinee@yahoo.fr

L'Harmattan RDC
185, avenue Nyangwe
Commune de Lingwala – Kinshasa
matangilamusadila@yahoo.fr

L'Harmattan Congo
67, boulevard Denis-Sassou-N'Guesso
BP 2874 Brazzaville
harmattan.congo@yahoo.fr

L'Harmattan Mali
ACI 2000 - Immeuble Mgr Jean Marie Cisse
Bureau 10
BP 145 Bamako-Mali
mali@harmattan.fr

L'Harmattan Togo
Djidjole – Lomé
Maison Amela
face EPP BATOME
ddamela@aol.com

L'Harmattan Côte d'Ivoire
Résidence Karl – Cité des Arts
Abidjan-Cocody
03 BP 1588 Abidjan
espace_harmattan.ci@hotmail.fr

Nos librairies en France

Librairie internationale
16, rue des Écoles
75005 Paris
librairie.internationale@harmattan.fr
01 40 46 79 11
www.librairieharmattan.com

Librairie des savoirs
21, rue des Écoles
75005 Paris
librairie.sh@harmattan.fr
01 46 34 13 71
www.librairieharmattansh.com

Librairie Le Lucernaire
53, rue Notre-Dame-des-Champs
75006 Paris
librairie@lucernaire.fr
01 42 22 67 13

www.ingramcontent.com/pod-product-compliance
Lightning Source LLC
LaVergne TN
LVHW021227061026
849535LV00008B/2957